L'ÉVALUATION ENVIRONNEMENTALE STRATÉGIQUE

OCDE

ORGANISATION DE COOPÉRATION ET DE DÉVELOPPEMENT ÉCONOMIQUES

CONFÉRENCE EUROPÉENNE DES MINISTRES DES TRANSPORTS (CEMT)

La Conférence Européenne des Ministres des Transports (CEMT) est une organisation intergouvernementale, créée par un Protocole signé à Bruxelles le 17 octobre 1953. La CEMT constitue un forum de coopération politique au service des Ministres responsables du secteur des transports, plus précisément des transports terrestres ; elle leur offre notamment la possibilité de pouvoir discuter, de façon ouverte, de problèmes d'actualité concernant ce secteur et d'arrêter en commun les principales orientations en vue d'une meilleure utilisation et d'un développement rationnel des transports européens d'importance internationale.

Dans la situation actuelle, le rôle de la CEMT consiste surtout à :
- faciliter la mise en place d'un système paneuropéen intégré des transports qui soit économiquement et techniquement efficace, dont les performances relatives à la sécurité et à la protection de l'environnement correspondent aux plus hautes exigences possibles et dont la dimension sociale occupe pleinement la place qu'elle mérite ;
- aider également à l'établissement d'un pont, sur le plan politique, entre l'Union Européenne et les autres pays du continent européen.

Le Conseil de la Conférence réunit les Ministres des Transports des 40 pays suivants qui sont Membres à part entière de la Conférence : Albanie, Allemagne, Autriche, Azerbaïdjan, Bélarus, Belgique, Bosnie-Herzégovine, Bulgarie, Croatie, Danemark, Espagne, Estonie, ERY Macédoine, Fédération de Russie, Finlande, France, Géorgie, Grèce, Hongrie, Irlande, Islande, Italie, Lettonie, Liechtenstein, Lituanie, Luxembourg, Moldova, Norvège, Pays-Bas, Pologne, Portugal, République slovaque, République tchèque, Roumanie, Royaume-Uni, Slovénie, Suède, Suisse, Turquie et Ukraine. Six pays ont un statut de Membre associé (Australie, Canada, États-Unis, Japon, Nouvelle-Zélande, République de Corée) et deux, un statut de Membre observateur (Arménie et Maroc).

Les travaux du Conseil sont préparés par un Comité des Suppléants, composé de hauts fonctionnaires représentant les Ministres. Ce comité est assisté dans sa tâche par des groupes de travail auxquels sont confiés des mandats spécifiques.

Parmi les questions étudiées présentement au sujet desquelles les Ministres sont appelés à prendre des décisions, on peut citer l'élaboration et la mise en œuvre d'une politique paneuropéenne des transports, l'intégration des pays d'Europe centrale et orientale dans le marché européen des transports, les questions spécifiques liées aux transports par chemins de fer, par routes et par voies navigables, les transports combinés, les transports et l'environnement, les coûts sociaux des transports, les tendances en matière de transports internationaux et les besoins en infrastructures, les transports pour les personnes à mobilité réduite, la sécurité routière, la gestion du trafic, l'information routière et les nouvelles technologies de communication.

Des analyses statistiques concernant l'évolution des trafics, des accidents de la route et des investissements sont publiées régulièrement et permettent de connaître sur une base trimestrielle ou annuelle la situation du secteur des transports dans les différents pays européens.

Dans le cadre de ses activités scientifiques, la CEMT organise régulièrement des Symposiums, des Séminaires et des Tables Rondes sur des sujets relevant de l'économie des transports. Les résultats de ces travaux servent de base à l'élaboration de propositions de décisions politiques à soumettre aux Ministres.

Le service de Documentation de la CEMT dispose de nombreuses informations sur le secteur des transports. Ces informations sont notamment accessibles sur le site Internet de la CEMT.

Le Secrétariat de la CEMT est rattaché administrativement au Secrétariat de l'Organisation de Coopération et de Développement Économiques (OCDE).

Also available in English under the title:
STRATEGIC ENVIRONMENTAL ASSESSMENT

Des informations plus détaillées sur la CEMT sont disponibles sur Internet à l'adresse suivante :
http://www.oecd.org/cem/

© CEMT 2000 – *Les publications de la CEMT sont diffusées par le Service des Publications de l'OCDE,*
2, rue André-Pascal, 75775 PARIS CEDEX 16, France

REMERCIEMENTS

La CEMT a publié en 1998, avec l'assistance de Ann Dom (actuellement à la *European Environment Agency*), un premier rapport sur l'évaluation environnementale stratégique dans le secteur des transports.

En 1999, une conférence mixte CEMT/OCDE fut organisée en Pologne par la Direction générale des routes et du ministère des Transports et de l'Économie maritime sur le thème de l'évaluation environnementale stratégique appliquée aux transports. L'ébauche du présent rapport fut préparée pour cette conférence par Olivia Bina de ERM (Londres) et constitue en fait une version révisée de la publication de 1998. D'autres informations extraites des excellents rapports présentés lors de la conférence ont été incorporées dans ce rapport avec l'aide de Paul Tomlinson de UK *Transport Research Laboratories*. La note de synthèse de ce rapport s'est largement basée sur les conclusions de la conférence qui furent développées conjointement par la CEMT et le Secrétariat de l'OCDE, les intervenants de la conférence et les participants. Les rapports présentés lors de la conférence sont accessibles sur le site Internet de la CEMT : *www.oecd.org/cem/topics/env/index.htm*.

© CEMT 2000

TABLE DES MATIÈRES

Note de synthèse...	7
1. Rôle de l'évaluation environnementale stratégique (EES)..	7
2. Progrès accomplis...	9
3. Priorités pour l'amélioration...	10
4. Priorités supplémentaires pour les pays d'Europe centrale et orientale et les nouveaux États indépendants	11
5. Suites à donner dans les ministères des Transports...	11
6. Résumé..	12
1. Introduction..	13
Concepts et définitions	13
2. Rôle et éléments clés de l'EES..	15
A. Rôle de L'EES...	15
B. Le processus d'EES...	20
C. Techniques d'EES	22
3. Expériences et pratiques de l'ESS...	23
A. Pratiques et procédures nationales...	23
B. Expériences nationales dans le domaine du transport et des EES.................................	31
C. L'EES à la Commission européenne...	44
D. EES des réseaux de transport transeuropéens..	49
E. L'EES dans les organisations internationales..	56
F. Principaux problèmes..	62
4. La recherche sur l'EES...	65
A. Priorités de recherche – Commission européenne, direction générale environnement.....	65
B. Recherches sur la methodologie de l'EES des transports..	69
C. OCDE : Recherche sur les transports routiers...	77
5. Conclusions et recommandations...	79
A. Diffusion de l'information et formation..	79
B. Surmonter les obstacles institutionnels..	79
C. Évaluation de l'impact de la politique des transports sur l'environnement....................	79
D. Amélioration des objectifs et des indicateurs de durabilité	80
E. Élévation de l'EES au rang d'outil d'analyse stratégique de la viabilité économique.....	80
F. Méthodologie..	81
G. Mise en pratique de l'EES..	81
H. Stratégie d'EES pour les réseaux transeuropéens et le processus TINA.......................	82
I. Lancement du processus d'EES pour les réseaux paneuropéens	84
J. Intégration de l'EES dans les mécanismes de financement...	84

Annexes

1. Dispositions relatives à l'EES en vigueur en Europe...	89
2. Orientations, lois, études de cas, recherches et publications générales..................................	93
3. Mécanisme d'établissement de rapports sur les transports et l'environnement pour l'UE (TERM)...............	97

© CEMT 2000

Liste des encadrés

1.	L'EES en quelques exemples clés	24
2.	Autres exemples d'EES à différents niveaux de planification du transport	31
3.	Politique et législation communautaires – vers de nouvelles procédures internes en matière d'EES	49
4.	Déclarations de la Commission et du Conseil concernant leur politique générale en matière d'EES des transports	51
5.	Étude du chemin de fer à grande vitesse : Problèmes de la future EES des réseaux transeuropéens et propositions de solution	55
6.	Évaluation des besoins en infrastructures de transport en Europe centrale (TINA) – extension du réseau de transport transeuropéen de l'Union	57
7.	Dispositions ou initiatives prises en matière d'EES par les organisations internationales	59
8.	Principaux problèmes et lacunes de l'EES	64
9.	Priorités de recherche	65
10.	Recherche EES à la DG XI (environnement)	66
11.	Programmes cadres européens de recherche	71
12.	Document d'EES	77

Liste des tableaux

1.	Caractéristiques et avantages de l'EES	18
2.	L'EES dans le secteur des transports : impacts et indicateurs	20
3.	Contenu d'un rapport d'EES concernant un plan d'infrastructure de transport	21
4.	État de mise en œuvre des EES dans les États membres de l'UE : obligation légale (A), cas concrets (B) et autres mécanismes de prise en compte de l'environnement dans les PPP (C)	27
5.	Vue d'ensemble des dispositions législatives concernant les EIE et les EES dans les PECO	29
6.	Critères de sélection d'itinéraires pour le Corridor Nord	35
7.	Choix d'indicateurs clés utilisés dans l'EES relative au réseau polonais d'autoroutes	38
8.	Objectifs et indicateurs stratégiques du CAF de l'autoroute M4	42
9.	Aspects spatiaux et écologiques d'une EES des réseaux transeuropéens	56

Annexe

1.	Liste des indicateurs envisagés pour le TERM (les indicateurs clés sont en bleu)	98

Liste des figures

1.	Cheminement des actions et des évaluations dans un système de planification et d'évaluation séquentiel	17
2.	Exemple d'intégration de l'EES dans le processus de planification des transports	32
3.	Les PDR et le processus d'EES	48
4.	Projet de cadre d'évaluation global pour l'EES des transports	72

NOTE DE SYNTHÈSE

1. Rôle de l'évaluation environnementale stratégique (EES)

L'évaluation environnementale stratégique (EES) est un instrument essentiel au service de processus décisionnels efficaces dans l'élaboration des politiques des transports et la planification des investissements. Elle permet d'évaluer les impacts qui dépassent les limites des projets pris isolément ou les domaines de compétence d'une autorité de la planification intégrée ; de tels impacts sont souvent déterminants pour les investissements destinés à accroître la capacité de transport des liaisons principales. L'EES fait office également de système d'alerte précoce, en ce qu'elle permet de cerner les problèmes potentiels et d'amorcer des consultations pour la résolution de conflits d'intérêts dès le début du processus de planification – ce qui réduit les risques de contestations ultérieures et les coûts élevés associés aux retards qui en découlent. En résumé, une EES efficace permet à la fois de gagner du temps et de l'argent.

Au cours de la décennie écoulée, de nombreux pays ont effectué des EES dans le cadre de la planification des transports. L'EES s'appuie sur les principes qui régissent les évaluations d'impact sur l'environnement (EIE) au niveau des projets et sur l'expérience acquise en la matière. Cette expérience confirme la nécessité de réaliser une évaluation stratégique pour réfléchir aux choix fondamentaux de la politique des transports et aux rapports entre celle-ci et d'autres aspects de la société. S'agissant de l'action des pouvoir publics, il est impossible d'analyser les choix comme il convient au niveau des projets. Les EIE à ce niveau ne permettent pas non plus de traiter sérieusement certains impacts importants sur l'environnement (par exemple les émissions de gaz à effet de serre ou l'utilisation des sols). Les interactions des décisions concernant les transports avec l'utilisation des sols ainsi que leurs incidences cumulées sont particulièrement difficiles à appréhender dans le cadre des EIE (notamment, les effets sur le paysage, la biodiversité et la sécurité routière).

Forcément, l'EES donne les meilleurs résultats lorsqu'elle est pleinement intégrée dans le processus de planification stratégique. A cet effet, elle doit être rattachée à chaque phase du processus de planification qui conduit à une décision. Il faut accorder l'importance voulue aux résultats de l'EES dans la prise de décisions d'investissement ou de planification régionale, et ce dans la transparence. Il sera plus facile d'établir l'articulation de l'évaluation avec une décision en limitant cette évaluation à ce qui est essentiel pour que la décision soit prise. En revanche, l'EES n'est généralement pas nécessaire s'il n'y a aucune décision de planification à prendre.

Cela dit, les EES sont susceptibles de donner aussi des résultats très utiles quand elles ne sont pas directement liées à une décision. Il s'agit d'un outil précieux pour promouvoir la coopération internationale et régionale dans une réflexion stratégique. L'EES conjointe constitue un moyen efficace de résoudre des divergences apparaissant à l'échelon national dans les méthodologies d'évaluation environnementale et d'élargir une optique nationale très spécifique qui ne permet pas de pondérer les coûts de la protection de l'environnement dans un pays avec les coûts et avantages correspondants dans un autre pays. Par le passé, ces divergences ont sérieusement entravé l'élaboration d'une planification conjointe rationnelle en Europe et entre les juridictions de nombreux pays de l'OCDE. En outre, un exercice pilote d'EES pourrait ouvrir la voie à une expérimentation féconde pour mettre au point des méthodologies et enrichir le savoir-faire dans un pays où les pouvoirs publics n'ont pas encore d'expérience des EES ou de procédures d'évaluation similaires.

L'EES dans les transports exige des méthodes efficaces de traitement des questions multimodales et oblige à aborder de manière synthétique les mesures possibles concernant les infrastructures et d'autres domaines. De surcroît, il s'impose d'intégrer dans l'évaluation des liaisons opérationnelles entre le secteur des transports et les autres branches d'activité. L'expérience aidant, on constate dans certains pays que la mise en œuvre des EES s'écarte de plus en plus du modèle initial qui consistait à transposer la méthodologie et les procédures des EIE au niveau stratégique. L'essentiel, c'est que les objectifs d'environnement ne peuvent pas être considérés isolément lorsqu'on se place au niveau stratégique, c'est pourquoi l'EES tend à devenir une évaluation stratégique générale, conciliant les cibles et les objectifs de la mobilité, de la sécurité, de la protection de l'environnement et du développement économique. Les opinions sont partagées sur la question de savoir où il convient de situer les limites de l'EES. Pour la plupart des ministères, le plus souvent, les résultats d'une EES ne sont qu'un élément parmi d'autres dont il y a lieu de tenir compte pour prendre une décision de planification ou d'investissement. Dans certains pays, des procédures distinctes d'évaluation de la durabilité environnementale sont actuellement conçues et appliquées aux politiques ainsi qu'aux projets, programmes et plans (par exemple, au Danemark, le réexamen des crédits alloués aux transports dans les prévisions budgétaires de 1997 et 1998).

Une forte composante spatiale est le pivot de ce qui constitue une EES au sens strict et des plans directeurs d'utilisation des sols à l'échelle régionale en sont le fondement idéal dans la mesure où ils sont établis dans le cadre d'une structure décisionnelle existante. Néanmoins, même si le champ couvert par l'EES est limité à son sens strict, une forme ou une autre d'évaluation environnementale est importante pour les politiques (et pour les programmes qui ne sont pas caractérisés par une forte composante spatiale) afin de garantir leur compatibilité avec les politiques de développement durable adoptées.

Quelle que soit sa portée, l'EES exige que l'on définisse des objectifs allant dans le sens d'un développement durable à l'échelle nationale et que l'on s'engage à les atteindre. Il est essentiel d'articuler solidement toutes les évaluations stratégiques, de quelque nature qu'elles soient, avec les objectifs nationaux de durabilité environnementale. L'EES ne peut influencer la prise de décisions stratégiques que si les décideurs affichent clairement un engagement à l'égard du développement durable au sein de la collectivité dans son ensemble.

La coopération avec le public est décisive. Pour faire en sorte qu'il participe à l'EES, il faut que la consultation ait lieu à tous les stades du processus de planification stratégique et d'élaboration des politiques. Si la consultation échoue, l'EES risque de ne pas faciliter le processus de planification, même lorsque les études et évaluations réalisées fournissent des informations de grande qualité. Tous les pays se heurtent à de graves difficultés pour réussir à associer concrètement le public à la prise de décisions en matière d'investissement dans les transports. Il est indispensable d'innover en permanence dans ce domaine et l'EES peut y contribuer. La couverture géographique revêt de l'importance, dès lors qu'il s'impose d'adopter des démarches de consultation radicalement différentes des procédures appliquées localement au niveau des projets.

Ce qu'il importe peut-être avant tout de faire, c'est de présenter les résultats de l'EES aux décideurs sous une forme propre à influencer leurs décisions : à cette fin, les informations doivent être simples, précises et pertinentes.

En outre, les données doivent être utilisées de façon sélective pour éviter de dépendre des « prodiges de l'informatique ». Le recours excessif à de grands ensembles de données risque d'aller à l'encontre du but visé, car il est difficile, voire impossible, de contrôler la qualité et la fiabilité des valeurs à introduire dans de très grands ensembles de données, sans parler du coût très élevé de leur mise à jour. Des données très agrégées comme celles qui entrent dans les exercices de mappage international peuvent se révéler utiles pour construire certains indicateurs généraux de la durabilité environnementale, mais n'ont guère d'intérêt dans la prise de décisions liées à un site précis. Les exercices de mappage à plusieurs niveaux superposés sont d'une grande utilité pour éclairer les décisions concernant le choix des tracés, mais ils produisent généralement des données trop complexes pour une prise en compte appropriée dans de nombreux contextes de prise de décisions. Les évaluations privilégiant l'utilisation de données peuvent induire en erreur car elles occultent l'incertitude, en particulier si l'on considère des retombées à long terme dont la connaissance est encore imparfaite. Dans certains cas, il sera plus productif de suivre une démarche essentiellement qualitative, fondée sur une consultation structurée et des appréciations d'experts.

2. Progrès accomplis

A l'échelon local et régional, les EES relatives aux transports sont de plus en plus intégrées au processus de planification de l'utilisation des sols et leur réalisation en fait partie. Jusqu'à présent, ces évaluations ont aussi porté principalement sur les corridors de transport, tandis que celles des réseaux à l'échelon national et international se trouvent à un stade moins avancé. Dans les quelques années à venir, l'EES des politiques et de la législation ayant des conséquences importantes pour les ressources naturelles deviendra une procédure obligatoire dans de nombreux pays de la CEMT et de l'OCDE. De grands progrès ont été réalisés sur plusieurs fronts :

- L'expérience en matière de conception et d'essais des procédures et des méthodes d'EES s'enrichit toujours plus, aussi bien dans le contexte de plans sectoriels que dans le cadre général de l'aménagement de l'espace ;
- Plusieurs pays[1] ont d'ores et déjà adopté des textes de loi relatifs aux EES ;
- Des faits nouveaux notables sont intervenus, aux plans législatif et institutionnel, au sein de l'Union européenne :
    - On attache désormais une grande priorité à la prise en compte de l'environnement dans les politiques sectorielles (transports, par exemple), comme il est précisé dans le traité d'Amsterdam et comme l'a déclaré le Conseil européen réuni au Sommet de Cardiff en 1998 ; or, il est admis que l'EES est l'un des principaux instruments pour y parvenir ;
    - Un débat est en cours pour aboutir à l'approbation finale de la proposition de directive sur l'EES[2] ;
    - Dans les politiques et la législation communautaires, il existe des conditions requises relatives à l'EES[3] ;
    - Les projets et programmes bénéficiant des Fonds structurels doivent également faire l'objet d'une EES sous une forme ou une autre[4]. Ces dispositions obligatoires devraient être appliquées avec plus de rigueur au cours de la période 2000-2006 ;
    - Le mécanisme d'établissement de rapports sur les transports et l'environnement[5] et l'évaluation des progrès des États membres vers l'intégration (l'*Évaluation globale*), coordonnés par la Commission européenne en collaboration avec l'Agence européenne pour l'environnement, soulignera également l'importance de l'EES, notamment du point de vue du secteur des transports.
- Des exemples notables d'application pratique des EES sont notamment les suivants :
    - Le Common Appraisal Framework de l'autoroute M4 Cardiff-Newport, Welsh Office, Royaume-Uni ;
    - Les EES d'un Plan de transport multimodal pour l'État du Wisconsin et du Plan de Seattle pour les transports à long terme dans l'État de Washington (États-Unis) ;
    - L'EES de l'autoroute Est-Ouest en Slovénie effectuée pour le ministère de l'Environnement ;
    - L'évaluation environnementale du Plan national tchèque de 1999 concernant les infrastructures de transport ;
    - L'EES du Plan de développement national de la République tchèque, avec l'aide du Programme Phare de l'Union européenne ;
    - L'EES du réseau ferroviaire à grande vitesse entreprise en 1992 par la Commission européenne ;
    - La Commission, en coopération avec l'Agence européenne pour l'environnement, a entrepris une EES pilote des Réseaux transeuropéens multimodaux de transport ;

- Des accords conclus entre des États membres de l'Union européenne et la Commission ont abouti à la réalisation de cinq études de cas d'EES pilotes concernant des corridors de transport des Réseaux transeuropéens :
  - Corridor de transport Göteborg-Jönköping (Suède) ;
  - Corridor Trans Pennine (Royaume-Uni) ;
  - Tronçon autrichien du Corridor du Danube (Autriche) ;
  - Corridor routier entre le port de Ravenne et Venise (Italie) ;
  - Corridor Nord – entre Paris et Bruxelles (France/Belgique).
- L'EES du corridor international I-69 Canada-États-Unis-Mexique.
- Plusieurs institutions financières internationales ont reconnu l'utilité des EES et sont en train de développer des procédures et lignes directrices en la matière, ou étudient actuellement les démarches à suivre. Des cas pertinents peuvent être identifiés, entre autres, au sein de la Banque mondiale et la BERD.

3. Priorités pour l'amélioration

Il n'en reste pas moins plusieurs domaines importants qui appellent des améliorations pour faire en sorte que la mise en œuvre des EES soit efficace et couronnée de succès. Il conviendrait de réfléchir en priorité aux points évoqués ci-après.

- Il est indispensable que les pouvoirs publics manifestent sans ambiguïté leur adhésion politique pour faire en sorte que l'importance et le rôle appropriés soient conférés aux conclusions de l'EES au moment de prendre une décision finale touchant une politique, un plan ou un programme. Le soutien politique doit se traduire par des accords et instructions interministériels explicites.
- Le rôle de l'EES par rapport à l'évaluation préalable de la durabilité environnementale globale doit être bien défini. Il est vital d'instaurer une coordination efficace entre les différents types d'évaluations – économique, technique, sociale et environnementale – effectuées par les ministères et les autorités chargées de la planification.
- Dans la plupart des secteurs, l'ESIE ne dépasse pas encore le stade de la planification et de la programmation. Or pour rendre pleinement efficaces les principes de la viabilité écologique, l'ESIE (ou un système d'évaluation équivalent) devrait aussi être développée au niveau politique[6]. Cette démarche devrait s'inscrire dans le cadre du processus d'élaboration des politiques, et non pas être assimilée à un test d'acceptabilité *a posteriori*. La Commission européenne examine actuellement les moyens permettant d'évaluer l'impact de ses politiques (de transport notamment) par le biais de méthodes de type ESIE.
- Il faut se pencher sur les moyens d'intégrer d'emblée le processus d'EES dans les procédures de planification des transports. A cet effet, il est fondamental d'établir des liens transparents entre les résultats de l'EES et la décision d'investissement dans les infrastructures pour y allouer les ressources financières nécessaires ou constituer les provisions correspondantes. Lancer les EES à un stade avancé du processus décisionnel entraînera inéluctablement des retards et il conviendrait de l'éviter.
- Il deviendra de plus en plus urgent de recruter et de former du personnel suffisamment expérimenté pour qu'il prête le concours technique dont auront besoin les autorités responsables de l'élaboration des politiques, des plans et des programmes dans le secteur des transports.
- Il importe de bien définir les rôles qu'il convient de donner à la participation du public et à la consultation dans le cadre de la planification stratégique et de mettre en place des mécanismes efficaces garantissant une consultation appropriée, en particulier avec les autorités locales.
- Les ministères de l'Environnement et des Transports doivent affecter des ressources à l'amélioration des ensembles de données sur l'environnement (qui sont souvent incohérents, en particulier d'un pays à l'autre) et au perfectionnement des techniques de prévision sur lesquelles sont fondées les EES. Cependant, il convient de gérer les dépenses avec discernement et d'éviter de

recourir outre mesure à de grands ensembles de données, pour les raisons évoquées plus haut. Il faudrait attacher une attention particulière aux prévisions du trafic utilisées comme données d'entrée, pour s'assurer qu'elles expriment correctement la dynamique du développement économique et l'influence des politiques fiscales ou autres adoptées en dehors du secteur, ainsi que les incidences du trafic international.

- Une stratégie cohérente en ce qui concerne l'ESIE des RTE doit être élaboré. L'ESIE des RTE et de ses corridors doit devenir un processus récurrent et un outil de communication permanente entre tous les acteurs impliqués dans le processus de planification (institutions européennes, autorités nationales et régionales, institutions de financement et acteurs).

- Les institutions de financement internationales constituent l'une des clés de voûte du développement futur des systèmes de transport nationaux et internationaux. Or, bien que la plupart d'entre elles aient reconnu la nécessité de l'ESIE et examinent les dispositions prises dans ce domaine, l'évaluation environnementale se confine encore très souvent au niveau du projet. La pratique montre que beaucoup de projets ont pour seule finalité de compartimenter certains plans ou programmes. Intégrer les principes de l'ESIE aux mécanismes de financement permettrait de lever ce frein. L'application de l'ESIE aux plans régionaux dans le cadre des fonds structurels européens en constitue un exemple.

- Les procédures d'ESIE doivent être efficients. Les retards accusés dans la procédure de programmation sont coûteux et doivent être évités le plus possible. L'introduction de l'ESIE devrait être mise à profit pour harmoniser les procédures de planification et ne devrait pas servir de prétexte à une bureaucratisation supplémentaire.

4. Priorités supplémentaires pour les pays d'Europe centrale et orientale et les nouveaux États indépendants

Les fonds du Programme Phare de l'Union européenne ont été employés avec satisfaction pour financer des EES des plans de développement régional dans certains pays d'Europe centrale et orientale. Puisque les transports sont un aspect essentiel des politiques de développement adoptées au niveau des administrations régionales, il y aurait lieu de conforter ces bons résultats en accordant ce type d'aide à d'autres régions également.

Le processus d'évaluation des besoins en infrastructures de transport (TINA) offre, dans l'immédiat, l'occasion la plus propice d'acquérir de l'expérience en matière d'EES dans la région et, ce qui est plus fondamental encore, il met en lumière la nécessité évidente d'une pareille évaluation. Dans l'idéal, les pays situés le long des corridors de transport paneuropéens pour lesquels des projets relevant du processus TINA ont été sélectionnés devraient coopérer pour réaliser des EES conjointes. Les résultats obtenus devraient faciliter la sélection finale des projets susceptibles de bénéficier d'une aide financière de l'Union européenne et de fonds alloués par des institutions financières internationales, comme ils devraient contribuer à une meilleure conception des projets et au développement général des corridors de transport. Plus à l'Est, une coopération entre les nouveaux États indépendants est indiquée pour établir des EES conjointes sur les corridors et zones de transport identifiés lors de la conférence d'Helsinki en 1998. On peut trouver dans les études récentes sur les corridors de transport des Réseaux transeuropéens, cofinancées par la Commission européenne, des orientations méthodologiques en la matière.

5. Suites à donner dans les ministères des Transports

Les administrations nationales se doivent de mettre en place les moyens et les compétences requis pour entreprendre les EES appropriées. A cet effet, elles devront créer des services centraux d'EES pour venir à l'appui de la mise en œuvre des EES en général et consolider les liens entre celles-ci et les politiques nationales de durabilité environnementale. Dans le même temps, les ministères des Transports seront appelés à acquérir leurs propres connaissances spécialisées des procédures et de la méthodologie de l'EES appliquée aux transports[7].

© CEMT 2000

Les échanges internationaux d'informations sur l'expérience pratique des EES devraient accélérer le processus d'apprentissage et assurer la compatibilité des démarches nationales d'évaluation des décisions touchant aux infrastructures avec une dimension internationale. Les EES entreprises conjointement par des ministères de pays limitrophes constituent le moyen le plus efficace d'y parvenir.

Faute de suivre les recommandations formulées plus haut préconisant un soutien politique manifeste et la prise en compte de manière transparente des résultats des EES dans le processus décisionnel, il existe un risque de gaspillage des deniers publics dans des évaluations qui, ultérieurement, ne seraient pas complètement mises à profit. Or, ce risque s'aggrave en raison de la faiblesse des liens institutionnels entre ministères ainsi qu'entre des services différents (route, rail, aviation, etc.) à l'intérieur même des ministères (et, qui plus est, au sein de la Commission européenne). Tous les pays y sont exposés, mais c'est probablement dans les pays d'Europe centrale et orientale que ce risque est le plus grand, parce que les ressources publiques dont ils disposent sont les plus limitées et que le secteur des transports y entame une phase de changement rapide, s'accompagnant de très nombreux plans d'investissement dont les implications stratégiques sont considérables. L'EES, si l'on réussit à l'intégrer dans le processus décisionnel, contribue à épargner des dépenses inutiles et, simultanément, à accélérer la prise de décisions, dès lors qu'elle permet d'éviter les retards prolongés et coûteux souvent observés lorsque les questions stratégiques ne sont soulevées qu'à un stade avancé du processus de planification.

Les méthodologies d'EES évoluent rapidement dans nombre de pays d'Europe occidentale, face à la nécessité clairement perçue par les pouvoirs publics d'améliorer le processus de planification et de prise de décisions. Cette nécessité est tout aussi impérieuse dans les pays d'Europe centrale et orientale, même si les autorités en sont parfois moins conscientes. Les gouvernements des pays de la région devraient donc accorder la priorité à la mise au point de méthodologies d'EES efficaces par rapport aux coûts. Les EES devraient faciliter et non retarder les décisions concernant les investissements dont on escompte une transformation du secteur des transports, et particulièrement du réseau routier. Ces évaluations devraient aussi faire en sorte que les investissements effectués s'inscrivent dans la durée et concilient au mieux le respect des objectifs de développement économique et de caractère social, tout en assurant la protection de l'environnement. Les pouvoirs publics devront donc faire preuve d'impartialité en la matière, au lieu de défendre une option plutôt qu'une autre.

6. Résumé

Parmi les conclusions qui précèdent, il s'en dégage quatre :
- il importe d'articuler clairement l'EES avec le processus de planification conduisant à un investissement et de la commencer sans tarder ;
- il convient de veiller à la simplicité et à la pertinence des résultats des EES afin d'en maximiser l'impact sur les décideurs ;
- c'est seulement par la pratique qu'il est possible de mettre au point des méthodologies et des procédures efficaces d'EES ;
- les EES le long des corridors paneuropéens devraient être réalisées en liaison avec le processus TINA.

1. INTRODUCTION

Pour que la prise de décision soit un processus intégré, il faut que les effets sur l'environnement soient examinés non seulement au niveau du projet isolé, mais aussi au niveau des politiques[8], des plans et des programmes. Sur la scène internationale, on s'accorde de plus en plus à reconnaître que la mise en place d'une évaluation stratégique environnementale (EES) est essentielle pour assurer une prise en compte des considérations environnementales à tous les niveaux du processus décisionnel. Bien que l'EES soit une discipline encore en plein essor, plusieurs pays se sont dotés, au cours des dernières décennies, de systèmes d'EES fonctionnant sur une base contraignante ou volontaire.

Dans le secteur des transports, l'EES s'avère être un outil particulièrement utile d'aide à l'analyse et à l'évaluation écologique dans les approches multimodales. L'articulation et le ciblage de l'analyse environnementale sur les principaux coûts et avantages environnementaux de chaque mode de transport, la comparaison, selon une approche intégrée, des diverses solutions et la mise à disposition des informations nécessaires à une prise de décision écologiquement justifiée se trouvent en effet facilités.

En ce qui concerne l'application de l'EES au secteur des transports, de nombreuses actions de recherche et initiatives concrètes ont été lancées, tant au niveau national qu'international. Il est clair qu'une coordination internationale des initiatives et un échange optimal d'informations sont des conditions préalables indispensables, surtout lorsqu'il s'agit d'évaluer des actions transfrontières (telles que les réseaux de transport transeuropéens). La Conférence européenne des ministres des Transports peut jouer, à cet égard, un rôle fondamental. Le présent rapport a précisément pour but d'aider la CEMT à définir la politique et la stratégie de recherche qu'elle entend mener dans le domaine de l'ESIE.

Après avoir défini le concept de l'EES et expliqué le lien qui l'unit à l'évaluation de l'impact sur l'environnement (EIE) des projets, le deuxième chapitre donne un bref aperçu des procédures et pratiques EES existantes. Le troisième chapitre passe en revue les questions et développements récents de l'EES dans le secteur des transports au niveau national et international. Un résumé de l'évaluation des réseaux de transport transeuropéens (RTE) est inclus. Le quatrième chapitre met essentiellement l'accent sur les recherches que mènent actuellement la Commission européenne et l'OCDE dans le domaine de l'EES. S'appuyant sur les résultats de cet examen, le cinquième chapitre formule des recommandations en ce qui concerne les choix qui s'offrent aux pouvoirs publics et les programmes de recherche et propose un certain nombre d'actions prioritaires.

Concepts et définitions

Les processus de planification traversent généralement différents stades progressifs. Les politiques, plans, programmes et projets auxquels correspondent parfois ces différents stades peuvent se définir comme suit :

- **politique** : dans le cadre du présent document, il y a lieu d'entendre par politiques les orientations arrêtées par les pouvoirs publics (et non les engagements électoraux souscrits par les partis politiques) ;
- **plan** : ensemble d'objectifs coordonnés et planifiés dans le temps en vue de la mise en œuvre d'une politique dans un secteur ou un domaine particulier ;
- **programme** : ensemble de projets dans un secteur ou un domaine particulier.

Les politiques, les plans et les programmes sont souvent désignés par le sigle PPP. Le présent rapport utilisera également le terme générique « action stratégique » pour qualifier ces trois concepts.

Pour être efficace, l'évaluation environnemetale stratégique doit s'appuyer sur une approche séquentielle, c'est-à-dire être appliquée à chaque étape du processus de planification. Le principal objectif de l'approche séquentielle dans l'évaluation environnementale est d'assurer que chaque impact potentiel soit évalué au niveau de planification le plus approprié.

Les évaluations environnementales peuvent, *grosso modo*, se répartir en deux grandes catégories :
- **l'évaluation de l'impact sur l'environnement (EIE)**, qui concerne des projets isolés ;
- **l'évaluation environnementale stratégique (EES)**, qui concerne des actions stratégiques.

Bien que l'EES soit diversement définie et appliquée, le présent rapport s'en tiendra à la définition suivante :

L'évaluation stratégique environnementale (EES) désigne le processus d'évaluation des politiques, des plans et des programmes (PPP) dont l'approbation précède chronologiquement celle des projets individuels. Plus spécifiquement, l'EES peut se définir comme un processus formel, systématique et global d'évaluation de l'impact sur l'environnement d'une action stratégique et de ses variantes. La préparation d'un rapport écrit s'appuyant sur les résultats de cette évaluation et l'intégration de ces résultats dans une prise de décision responsable, au niveau des pouvoirs publics, font partie de ce processus[9].

2. RÔLE ET ÉLÉMENTS CLÉS DE L'EES

A. Rôle de L'EES

L'EES suscite un intérêt croissant sur le plan international. Les pages ci-après en analysent quelques-unes des raisons.

A.1. L'EES : *caractéristiques et avantages*

L'efficacité et l'efficience des systèmes d'EIE des projets ayant suscité des inquiétudes de plus en plus vives au début des années 90, des procédures d'évaluation environnementale ont été élaborées afin de toucher des niveaux de prise de décisions plus en amont et plus stratégiques. Des études récentes sur l'EIE – telles que l'examen quinquennal de la mise en œuvre de la directive 85/337/CEE et différents rapports nationaux – ont mis en évidence un certain nombre de problèmes importants liés à l'EIE et les limites de l'exercice. Les principaux reproches que l'on peut adresser à l'EIE sont les suivants[10] :

- L'évaluation de l'impact sur l'environnement des activités résultant indirectement ou de manière induite d'un développement majeur est difficile au niveau des projets.
- L'exclusion d'un certain nombre de variantes : lorsque le moment est venu d'évaluer un projet, des options ou variantes ont été écartées par des décisions prises en amont. Les décisions au niveau des projets sont subordonnées au processus de décision à des plus hauts niveaux, et ceux-ci ne prennent pas assez en compte les effets sur l'environnement.
- L'EIE d'un projet est insuffisante pour évaluer les effets cumulés et à grande échelle.

On dispose aujourd'hui d'indications sur un certain nombre d'approches et d'applications de l'EES. Cette diversité des expériences découle en partie du constat que la distinction originale entre politiques, plans et programmes était peut-être trop simpliste et artificielle, et qu'elle coïncide rarement avec les processus décisionnels réels. Cette observation s'applique au secteur du transport, mais elle est également vraie dans de nombreux autres domaines. On peut ainsi trouver des exemples d'EES répondant à un large éventail de besoins et d'objectifs, parmi lesquels :

- choisir parmi un grand nombre de projets qui peuvent être liés à des inventaires actuels, des plans antérieurs ou des programmes dont les incidences sur le plan de l'environnement n'avaient pas fait l'objet d'une évaluation systématique ;
- évaluer les impacts cumulés d'un plan ou d'un programme ;
- recenser les domaines prioritaires et les types de projets à financer ;
- recenser les domaines prioritaires et les types de projets dont l'approbation dépendra d'une évaluation plus détaillée ;
- promouvoir la multimodalité dans les politiques, les plans ou les programmes concernant le secteur du transport ;
- choisir entre des solutions structurelles et non structurelles, ou proposer une combinaison de telles solutions (infrastructures nouvelles ou améliorées, stratégies de gestion de la demande, etc.) ;
- contribuer à définir les éléments clés d'une politique durable pour le secteur.

Ces objectifs peuvent être en partie liés aux trois principaux avantages attendus des évaluations de l'impact sur l'environnement conduites au niveau stratégique :

- renforcer l'évaluation environnementale des projets ;
- faire progresser les programmes d'action dans le domaine de la durabilité ;
- traiter la question des effets cumulés et à grande échelle.

Les procédures et les méthodologies de l'EES proposées et testées au cours des années 90 en Europe et dans d'autres régions du monde avaient pour objectif de remédier, entre autres, à ces insuffisances (voir également figure 1).

- Le **champ** couvert par l'EES est plus vaste que celui de l'EIE :
  - la couverture géographique d'une EES tend à être beaucoup plus large que celle d'une EIE. L'action proposée porte aussi sur un ensemble de projets différents plutôt que sur un projet unique ;
  - l'éventail des options envisageables est plus large : la comparaison des diverses options envisageables est un des principaux objectifs de chaque processus d'EES ;
  - l'éventail des impacts environnementaux à évaluer est différent : l'EES sert généralement à évaluer les impacts – positifs et négatifs – liés aux problèmes de viabilité écologique (utilisation des ressources naturelles, effet de serre, acidification, biodiversité, etc.), ainsi que les effets planétaires et régionaux, alors que l'EIE s'attache à analyser les impacts plus locaux. Certains systèmes d'EES intègrent également les conséquences socio-économiques.

- L'EES est un processus par **objectifs** : les objectifs environnementaux (objectifs quantitatifs ou spécifications qualitatives) constituent le cadre d'évaluation de l'action par rapport aux politiques d'environnement et de développement durable.

- Le **délai** qui s'écoule entre la planification, l'approbation et la mise en œuvre d'une action est beaucoup plus long dans le cas de l'EES. Aussi le contenu de l'action proposée va-t-il moins dans les détails ; celle-ci est davantage susceptible d'être modifiée à un stade antérieur du processus de planification ; les prévisions concernant l'impact de l'action sont plus aléatoires. L'EES doit donc être un processus souple et dynamique.

- Les informations nécessaires à la prise de décision concernant les PPP doivent être généralement moins **détaillées et précises** que pour l'évaluation d'un projet, surtout au stade le plus élevé du processus de planification.

Bien que les processus d'EES et d'EIE soient globalement similaires, l'EES sera toujours fondamentalement différente de l'EIE d'un projet en ce qu'elle nécessite plus de simplicité, de souplesse, de capacité d'adaptation, de capacité à intégrer des jugements de valeur, de science de l'estimation la plus plausible. L'EES requiert une approche spécifique pour répondre à la philosophie de l'action des pouvoirs publics et à son évolution.

Certains avantages potentiels et caractéristiques principales des processus d'EES sont résumés au tableau 1.

A.2. L'EES *comme instrument de promotion du développement durable*

L'EES est un instrument important pour l'examen des préoccupations environnementales aux niveaux des politiques/programmes/plans, et pourrait à ce titre être utilisée pour la promotion du développement durable (Andersson, 1999). Il convient, lors de la définition du mandat d'une EES, de prendre en considération les objectifs environnementaux des politiques orientées vers le développement durable. Différents traités et accords internationaux ou nationaux ont fixé des objectifs de viabilité écologique. Ainsi, l'Agence européenne pour l'environnement (AEE) vient de mettre sur pied une base de données de référence concernant les objectifs à atteindre en matière de viabilité écologique (baptisée STAR). Il s'agit d'un inventaire des valeurs de référence nationales et internationales dans

Figure 1. **Cheminement des actions et des évaluations dans un système de planification et d'évaluation séquentiel**

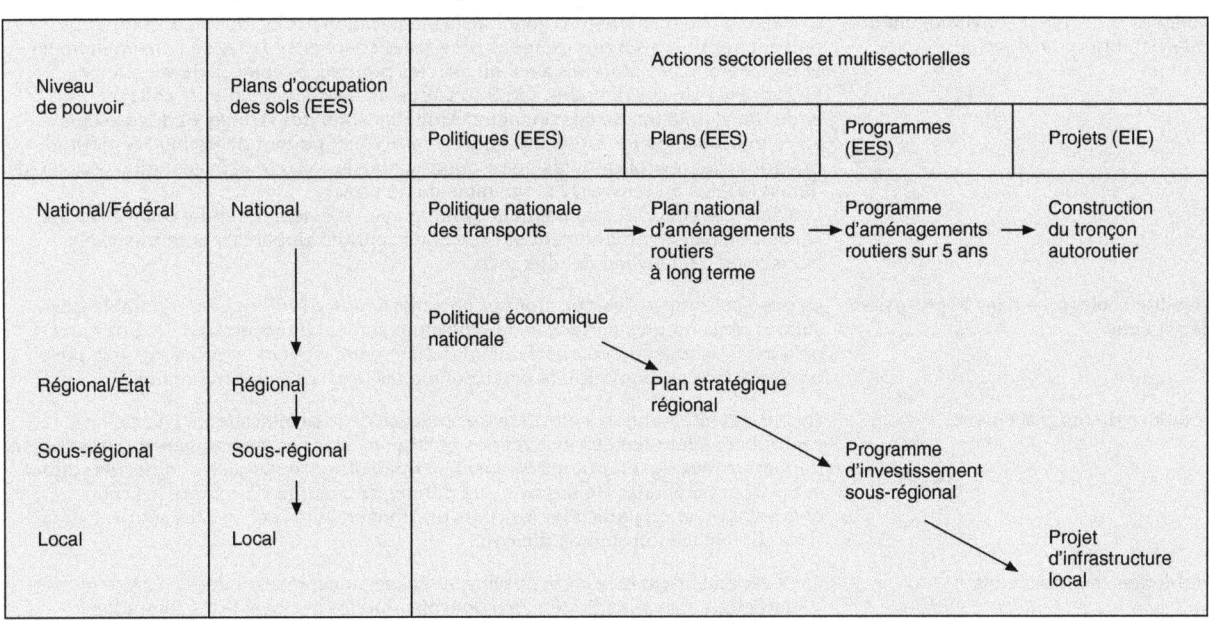

Note : Le tableau ci-dessus représente, de manière schématique, un ensemble de relations qui, dans la réalité, peuvent s'avérer plus complexes. En général, les actions se situant au niveau séquentiel le plus élevé (politiques nationales, par exemple) requièrent les formes d'EES les plus générales et les moins détaillées.
Source : Université de Manchester, EIA Leaflet Series: Strategic Environmental Assessment.

le domaine de la viabilité écologique et des valeurs cibles à atteindre dans le cadre de l'action menée par les pouvoirs publics, et notamment :

- les valeurs cibles fixées au niveau international en Europe ;

- les valeurs cibles nationales fixées dans le domaine de l'environnement, dès lors que celles-ci sont plus sévères que les valeurs cibles internationales et qu'elles reflètent les politiques nationales en ce qui concerne les problèmes environnementaux transfrontaliers ;

- les valeurs de référence en matière de viabilité écologique, européennes et mondiales, pour chaque thème environnemental ;

- ces mêmes valeurs de référence, mais nationales cette fois, dès lors qu'elles attestent d'approches intéressantes ou novatrices.

La base de données couvre les secteurs des transports et de l'agriculture, ainsi que 12 thèmes clés liés à l'environnement.

Parce qu'elle détermine la mesure dans laquelle une action stratégique est conforme aux objectifs de durabilité et contribue à leur réalisation, l'EES constitue un outil d'intégration essentiel des facteurs environnementaux dans les politiques sectorielles, et ce à tous les niveaux de la prise de décision. Un aspect doit toutefois être davantage développé : il s'agit de l'intégration des résultats de l'ESIE et de l'évaluation des incidences économiques et sociales. L'intégration des impacts sur l'environnement dans les techniques d'évaluation telles que les analyses coût-avantages, en particulier, est délicate parce qu'il est difficile d'en chiffrer la valeur (Gühnemann, 1999).

Tableau 1. **Caractéristiques et avantages de l'EES**

Principaux avantages/caractéristiques	Description
Données concernant l'environnement et la viabilité écologique	L'EES, et d'une manière plus générale la planification écologiquement compatible, doivent s'appuyer sur des données préalables concernant l'état de l'environnement et des ressources naturelles ainsi que sur les principales sources de pression. En l'absence de ces données, l'EES constitue un instrument utile de collecte et de transformation de ces données, d'identification des lacunes et des besoins en ce qui concerne les futurs investissements. L'EES permet de définir les méthodes, calendriers et responsabilités en ce qui concerne la collecte et la gestion des données durant la mise en œuvre du programme ou du projet. Les données collectées constituent également un élément essentiel pour surveiller l'évolution de l'environnement et exercer un contrôle global des performances par rapport à un niveau de référence.
Viabilité écologique dans le processus décisionnel	La prise en compte des questions et objectifs liés au développement durable devrait surtout concerner les initiatives de type stratégique. Le processus d'EES, dès lors qu'il est intégré au processus de planification, peut activement promouvoir la prise en compte de la compatibilité écologique dans le processus décisionnel.
Solutions de remplacement	De par son intervention à un stade très précoce de la planification, l'EES peut contribuer à identifier et à évaluer des politiques, plans et programmes de substitution, permettant aux développeurs de concilier objectifs économiques et objectifs sociaux et environnementaux. De la sorte, elle permet de prendre en compte les coûts et avantages, et en particulier les coûts environnementaux et sociaux souvent ignorés dans la planification au moindre coût.
Problèmes institutionnels	C'est généralement le secteur public qui réalise ou fait réaliser des EES. A ce niveau « stratégique » de planification, les pouvoirs publics disposent des compétences et de l'habilitation pour se pencher sur les questions institutionnelles. Toujours à ce niveau, il est possible d'analyser le cadre institutionnel et juridique global, d'identifier les manquements et de formuler des recommandations (notamment en ce qui concerne le renforcement des capacités institutionnelles, l'adoption de nouvelles normes environnementales, la formation, les besoins technologiques) et de se pencher sur les éventuels problèmes de financement. La nécessité de procéder à une telle analyse en aval s'en trouve dès lors réduite.
Collaboration et coordination	Le processus d'EES devrait être intégré le plus possible dans le processus de planification et, ainsi, jeter les bases d'une collaboration et d'une coordination entre les divers secteurs et instances compétentes (organismes publics, ministères etc.). La compréhension des problèmes et l'échange des informations s'en trouveront facilités, de même que devraient être évités les conflits au niveau de la prise de décision ou des orientations politiques. Ce type de démarche contribuera également à éviter une duplication des efforts.
Transparence	En favorisant la collaboration et la consultation entre les diverses institutions concernées au sein d'un secteur ou d'une région, l'EES renforce la transparence des processus de planification et met en évidence les choix intermédiaires qui, mis bout à bout, conduisent à la décision finale. Elle permet d'identifier, à un stade précoce, les solutions de rechange/décisions susceptibles de déboucher sur des sous-projets dommageables pour l'environnement, et partant de les éliminer ou de les ajuster. L'EES réduit dès lors les incidences négatives et rend superflue une évaluation de l'incidence sur l'environnement d'un projet ou d'une alternative spécifique (voir également Programmation Séquentielle).
Planification à long terme	Le développement d'un secteur ou la planification régionale peuvent être réalisés en fonction de concepts et d'objectifs, notamment environnementaux et sociaux, davantage axés sur le long terme.
Impacts cumulés	Les impacts cumulés (positifs et négatifs, directs et indirects, à court et à long termes) découlent des activités déployées dans l'ensemble d'une région, chaque effet individuel pris isolément pouvant par ailleurs demeurer négligeable. En appréhendant de manière plus globale le développement d'un secteur ou d'une région, il est parfois possible d'analyser les impacts cumulés d'investissements multiples (en cours, prévus ou simplement envisagés), ainsi que les impacts des différentes politiques.
Atténuation des effets	A l'instar du traitement réservé aux alternatives, l'EES, dès lors qu'elle est réalisée en amont, permet aux développeurs d'identifier une plus large gamme de solutions visant à atténuer les effets et pouvant impliquer des modifications des politiques, des législations concernées ou des spécifications concernant la configuration structurelle.

© CEMT 2000

Tableau 1. **Caractéristiques et avantages de l'EES** (*suite*)

Principaux avantages/caractéristiques	Description
Programmation séquentielle	Les niveaux auxquels s'évalue l'impact sur l'environnement correspondent aux différents niveaux de planification (politiques, plans/programmes et projets, par exemple). En faisant remonter plus en amont l'évaluation de l'effet sur l'environnement de décisions concernant des projets spécifiques et en la situant dès lors à un niveau « plus stratégique », on devrait pouvoir éviter bon nombre d'incidences négatives et obstacles au développement susceptibles d'affecter les stades de planification et d'évaluation plus élaborés.
	Le processus d'évaluation de l'impact sur l'environnement de projets spécifiques bénéficiera à divers titres de l'EES réalisée en amont. Celle-ci pourra notamment : • réduire la nécessité de procéder à des évaluations de l'impact sur l'environnement projet par projet ; • simplifier l'analyse des projets aux fins d'une EIE en dégageant des critères précis sur la base des informations recueillies aux niveaux sectoriel ou régional ; • simplifier et réduire le coût et le temps nécessaire à la réalisation des EIE projet par projet, notamment par la fourniture d'informations dès le stade du balayage (*scoping*) ; • renforcer la préparation et la mise en œuvre des sous-projets par l'adoption de normes et de lignes directrices concernant leur mise en œuvre.
Participation du public	Le processus d'EES peut être un vecteur de participation du public à un stade très précoce de sélection et de conception du projet (ou du plan ou de la politique) et, ainsi, contribuer à l'indispensable adhésion du citoyen à l'initiative. Cela est particulièrement important pour le type de projet à financer et pour le choix de l'implantation et des implications sociales et environnementales.

Source : D'après Banque mondiale (1999) Case Studies on Regional and Sectoral EA : An analysis of lessons learned. Rapport préparé pour la Banque mondiale par Environmental Resources Management.

A.3. *Rôle de l'EES dans le secteur des transports*

L'EES apporte une contribution particulièrement utile à l'analyse et à l'évaluation des approches intermodales dans le secteur des transports. L'articulation et le ciblage de l'analyse environnementale sur les principaux coûts et avantages environnementaux de chaque mode de transport, la comparaison intégrée des diverses options possibles sur le plan de la planification et de la gestion et la diffusion des informations nécessaires aux décideurs pour leur permettre de prendre les décisions les plus judicieuses sur le plan écologique se trouvent en effet facilités.

La portée d'une EES des transports (évaluation des diverses options envisageables et de leurs impacts) et le degré de détail de l'évaluation dépendent pour une large part du niveau de planification et des objectifs (environnement, effets socio-économiques et circulation) qui président à l'action stratégique. L'évaluation des effets planétaires/régionaux, tels que le changement climatique et l'acidification, est généralement réalisée à un niveau de planification élevé (niveau de la politique des transports ou du réseau, par exemple), où les options peuvent inclure des choix modaux, des interventions au niveau des infrastructures ou d'autres mesures non liées aux infrastructures (gestion de la demande de transport, mesures fiscales, etc.). En revanche, les effets locaux, qui dépendent aussi des caractéristiques locales de l'environnement (bruit, intrusion visuelle, etc.) sont plus faciles à évaluer à un niveau de planification inférieur (évaluation au niveau d'un corridor par exemple), où l'EES tend à se concentrer davantage sur les solutions envisageables sur le plan de l'implantation.

Les impacts « transport » peuvent être dus soit à la circulation, soit à la construction ou au maintien en place des infrastructures. Le tableau 2 donne un aperçu des incidences et des indicateurs à évaluer aux niveaux appropriés du processus de planification. En plus des incidences directes des transports, l'EES devrait également s'intéresser aux effets cumulés et les effets des développements secondaires, difficilement évaluables au niveau des projets isolés.

Tableau 2. **L'EES dans le secteur des transports : impacts et indicateurs**

Impact	Exemples d'indicateurs
Changement climatique	Émissions de gaz à effet de serre (CO_2, CH_4,...) véhicules-km, consommation de carburant.
Acidification	Émissions de SO_2, NO_x.
Utilisation/épuisement des ressources naturelles	Intensité d'utilisation des ressources, consommation d'énergie, consommation foncière (comparaison intermodale notamment).
Perte de biodiversité	Consommation foncière et morcellement de zones écologiquement sensibles, disparition ou dommages causés aux habitats et aux espèces.
Qualité de l'air	Émissions ou concentrations de polluants, exposition de la population à des concentrations de polluants.
Qualité de l'eau	Nombre de sources affectées, concentration de polluants, éloignement de l'infrastructure par rapport aux sites sensibles.
Intrusion visuelle	Echelle et principales caractéristiques physiques.
Effets de coupure	Obstacles, importance des populations dans les régions touchées.
Bruit et tranquillité	Niveaux sonores, zones et populations touchées.
Accidents	Taux de mortalité et d'accidents corporels.
Conservation du patrimoine historique, archéologique et naturel	Disparition ou proximité de sites classés et zones sensibles.

L'initiative récente visant à mettre en place un mécanisme d'information sur les transports et l'environnement, lancée par la Commission européenne, jouera un rôle très important sur le plan de la sensibilisation aux incidences des politiques des transports. En encourageant la mise sur pied d'indicateurs à l'échelle européenne, l'initiative ouvre par la même occasion la voie à la réalisation d'EES des politiques des transports, et dans une moindre mesure des plans et programmes, notamment par la mise en évidence de tous les aspects de l'interaction des transports avec l'environnement (et non les seuls aspects liés au développement des infrastructures).

B. Le processus d'EES

On peut s'appuyer, pour définir les composantes essentielles d'un processus d'EES, sur un certain nombre de **principes**[11] :

- les plans et programmes d'infrastructures de transport qui risquent de porter atteinte à l'environnement doivent faire l'objet d'une EES dès les premières phases de leur conception ;
- l'initiateur des plans doit aussi faire rapport sur les conclusions de l'EES ;
- le rapport doit être soumis aux autorités responsables de la gestion de l'environnement, aux autres parties intéressées et aux citoyens ;
- les autorités compétentes doivent tenir compte du rapport dans les décisions qu'elles prennent au sujet des plans d'infrastructures de transport ;
- consultation et participation font partie intégrante du processus d'EES, et doivent être inscrits dans la planification à diverses étapes (par exemple, définition des objectifs, balayage, détermination des solutions de rechange, etc ; voir ci-après).

Le premier et le dernier de ces principes visent à assurer le plus haut niveau d'intégration, de soutien et d'influence pour le processus de planification. Bien que les processus d'EES puissent varier en fonction du niveau de l'action stratégique, des procédures sectorielles et des procédures de planification nationales, on peut identifier les grandes étapes suivantes[12] :

1. étude des besoins afin de déterminer la nécessité d'une EES à ce stade du processus de planification ;

2. définition des objectifs de l'action stratégique et des objectifs et/ou cibles en matière d'environnement ;
3. balayage : identification :
   - des limites physiques/régionales ;
   - des impacts à prendre en considération ;
   - des options à évaluer.
4. Réalisation de l'EES :
   - prédictions concernant l'impact environnemental de l'action et de ses variantes ;
   - évaluation de l'importance de l'impact (par rapport aux objectifs environnementaux, par ex.) ;
   - formulation de recommandations : solutions de rechange et mesures d'atténuation et de contrôle préconisées.
5. Préparation du rapport d'EES et examen par l'autorité compétente (voir également le tableau 3).

Tableau 3. **Contenu d'un rapport d'EES concernant un plan d'infrastructure de transport**

Note de synthèse	Bref aperçu technique des principales conclusions de l'EES
Cadre décisionnel	Description des processus décisionnels aux échelons supérieurs, tels que politiques, plans et programmes relatifs à l'aménagement de l'espace, au transport et à l'environnement. Cette partie du rapport résumera également la décision relative au champ couvert par l'EES.
Contexte environnemental	Description du champ couvert par l'étude et des développements prévisibles, ainsi que de la situation actuelle et prévisible sur le plan de l'environnement à l'aide des indicateurs utilisés dans l'EES.
Objectifs du plan	Synthèse des objectifs poursuivis dans le domaine des transports et description des objectifs environnementaux, et notamment définition de leurs bases politique et juridique. Traduction des objectifs en indicateurs et cibles qui constituent les critères environnementaux régissant l'évaluation et le développement du plan.
Résumé du plan proposé	Résumé du plan d'infrastructure de transport proposé, détaillant les éléments environnementaux pertinents. Des cartes, graphiques, etc., constitueront des compléments utiles.
Analyse des alternatives	Aperçu des alternatives et options évaluées, et notamment des alternatives identifiées lors de la phase de délimitation du champ de l'EES (balayage). Le rejet éventuel d'alternatives sera motivé.
Impacts sur l'environnement	Description de l'ampleur et de la portée des impacts à l'aide des indicateurs sélectionnés. Les impacts peuvent être évalués sur le plan quantitatif ou qualitatif et utilement complétés à l'aide de cartes, graphiques ou photographies. Au cas où il n'est pas possible de procéder à une évaluation globale, des exemples typiques de situations susceptibles de se produire peuvent être décrits.
Mesures de protection de l'environnement	Description des actions proposées afin de réduire les impacts sur l'environnement. Il peut s'agir, notamment, *i)* d'une stratégie d'atténuation des impacts à des niveaux décisionnels inférieurs, *ii)* de méthodes de pondération à des niveaux d'EES et de EIE inférieurs, *iii)* d'orientations concernant des analyses à effectuer à des niveaux inférieurs et *iv)* de la délimitation de zones sensibles à éviter.
Rapport de consultation et de participation	Rapport concernant les démarches entreprises lors de la phase d'évaluation afin de justifier les critères de planification à partir des informations et éléments fournis par les agences et les groupes affectés. Rapport concernant la prise en compte des points de vue extérieurs.
Analyse des éléments d'incertitude	Informations qui, si elles avaient été disponibles, auraient pu contribuer à une meilleure comparaison des différentes alternatives.
Plan d'action et de surveillance environnemental	Suivi de la mise en œuvre du plan (y compris des décisions ultérieures prises à des niveaux de pouvoirs inférieurs) et des impacts environnementaux.

Source : Commission européenne 1999 – *Manual on Strategic Environmental Assessment of Transport Infrastructure*. Rapport rédigé par DHV pour le compte de la DG VII.

6. Décision : prise en compte des résultats de l'EES et de la consultation.

7. Mécanismes de contrôle.

8. Réalisation d'évaluations environnementales complémentaires (à un stade ultérieur du processus de planification, sous forme d'EIE d'un projet, par ex.).

Si l'étude des besoins (étape 1 ci-dessus) fait apparaître qu'une EES s'impose, il devient alors nécessaire d'organiser ce processus. Le « *Manual on SEA of Transport Infrastructure Plans* » (*Manuel de l'ESIE des plans d'infrastructures de transport*) élaboré par la Commission européenne explique comment concevoir et entreprendre une EES de plans de corridors de transport[13]. Il recommande l'élaboration, au début du processus de l'EES, d'un plan destiné à assurer une communication efficace avec d'autres organismes et avec les citoyens. Ce plan aiderait les personnes et les institutions concernées en :

- définissant **clairement les objectifs** du rapport sur les conclusions de l'EES ;

- constituant une **équipe multidisciplinaire** ;

- veillant à la qualité de la **collaboration** entre les autorités responsables de la planification, d'une part, et de la protection de l'environnement, d'autre part ;

- mettant en place des mécanismes efficaces de **rétroaction** ;

- prévoyant le **temps et les ressources** nécessaires pour assurer la participation du citoyen au processus ;

- faisant en sorte que la **décision finale** tienne compte des résultats de l'évaluation.

C. Techniques d'EES

Un certain nombre de techniques sont utilisées pour soutenir le processus d'EES. Il faut en général combiner deux ou plusieurs mécanismes pour mener à bien les différentes étapes de l'EES mentionnées ci-dessus. Les techniques d'EES se répartissent généralement en plusieurs catégories :

- Les techniques déjà utilisées dans l'EIE d'un projet, mais adaptées à une forme d'évaluation plus stratégique ; il s'agit notamment des listes de contrôle des matrices et des techniques de modélisation.

- Les techniques déjà utilisées dans l'analyse des politiques et les études de planification, et qui peuvent être appliquées à l'EES moyennant certains aménagements. Elles englobent diverses formes d'analyse de scénarios et de simulation, techniques de prévision à l'échelle régionale et techniques d'analyse « entrée – sortie », systèmes d'information géographique (SIG), systèmes de modélisation (réseaux de trafic, par ex.), techniques d'évaluation de l'action des pouvoirs publics et des programmes (analyse multicritère, analyse de réalisation des objectifs, analyse coût-avantages, analyse de sensibilité, etc.).

- Les nouveaux outils et méthodes d'évaluation mis au point actuellement pour faire face aux besoins spécifiques de l'EES, telles que les méthodes d'analyse du cycle de vie (ACV) et d'évaluation de l'effet cumulé (diagrammes de réseaux et de systèmes).

- La recherche bibliographique, les avis des milieux spécialisés (études Delphi, ateliers, interviews), la consultation de non-spécialistes.

Le choix des techniques d'EES sera étroitement lié à la nature même de l'initiative à évaluer. En règle générale, les initiatives de type stratégique (telles que les politiques des transports) devront être évaluées à l'aide de techniques s'appuyant sur des évaluations davantage qualitatives. A l'inverse, les EES de programmes détaillés (pouvant comporter, par exemple, une liste de projets potentiels) pourront adopter des techniques plus complexes, et notamment des outils destinés à examiner les implications spatiales telles que la superposition de cartes et les SIG.

3. EXPÉRIENCES ET PRATIQUES DE L'ESS

A. Pratiques et procédures nationales

Au cours des dernières décennies, plusieurs pays se sont dotés de systèmes d'EES pour l'évaluation des actions stratégiques. Les systèmes d'ESIE de Californie (instaurés il y a plus de 20 ans) et des Pays-Bas en sont deux exemples particulièrement représentatifs. L'Australie et la Nouvelle-Zélande ont adopté un cadre juridique ouvrant la voie à des formes d'évaluation plus stratégiques, mais ces dispositions ne sont que rarement mises en pratique. Ces dernières années, plusieurs États membres de l'UE (Pays-Bas, France, Allemagne, Belgique, Royaume-Uni, Danemark, Suède et Finlande) ont également adopté des dispositions prévoyant l'évaluation de l'impact sur l'environnement de certaines actions[14]. L'encadré I fournit quelques exemples représentatifs de la pratique de l'EES dans différents pays (les cas d'EES dans le secteur des transports sont examinés dans le présent chapitre).

A.1. *États-Unis*

Le *National Environmental Policy Act* (NEPA) de 1969 comporte des dispositions concernant l'évaluation environnementale des principales actions engagées par le gouvernement fédéral. Des dossiers d'impact sur l'environnement peuvent être préparés – et sont dans certains cas obligatoires – dans le cadre de l'action générale menée par le gouvernement fédéral, telle que l'adoption de nouveaux programmes ou de nouvelles réglementations par les agences. Les agences sont tenues de préparer des dossiers sur les incidences de l'action générale de manière à assurer sa conformité avec la politique et avec les thèmes clés de la programmation et de la prise de décision au sein de l'agence. Lorsqu'elles établissent des dossiers d'impact sur l'action générale (même lorsque les propositions émanent de plusieurs agences), les agences sont invitées à évaluer la ou les propositions selon les méthodes suivantes :

a) Géographiquement, c'est-à-dire en prenant en compte les actions ayant la même localisation générale, telles que les eaux naturelles, une région ou une zone urbaine.

b) Génériquement, c'est-à-dire en prenant en compte les actions présentant des similitudes pertinentes : profil temporel commun, impacts, variantes, méthode de mise en œuvre, milieux ou thèmes couverts.

c) En fonction du stade de développement technologique, en prenant en compte les programmes de recherche, de développement ou de démonstration de nouvelles technologies, lancés par le gouvernement fédéral ou bénéficiant d'une aide de celui-ci et qui, s'ils étaient appliqués, pourraient sérieusement affecter la qualité de l'environnement. Des dossiers d'impact doivent être préparés et être disponibles avant que le programme ait atteint le stade de l'investissement ou de la promesse formelle de mise en œuvre, qui risquerait de conditionner son développement futur ou de restreindre les possibilités de variante.

Toutes les agences du gouvernement fédéral doivent joindre aux recommandations et rapports concernant les propositions législatives et les autres actions fédérales importantes qui risquent d'affecter sérieusement la qualité de l'environnement un dossier détaillé, établi par le fonctionnaire responsable et précisant :

a) l'impact sur l'environnement de l'action proposée ;

b) tout effet défavorable sur l'environnement, inévitable en cas de mise en œuvre de la proposition ;

Encadré 1. L'EES en quelques exemples clés

Canada : Budget fédéral canadien

L'ESIE du budget fédéral, qui consiste en un commentaire préliminaire des effets sur l'environnement des dépenses publiques, se limite à trois secteurs clés (énergie, agriculture et politique industrielle). Les conclusions soulignent les contradictions les plus flagrantes entre les déclarations d'intention sur l'intégration du couple environnement-économie et les priorités budgétaires. L'ESIE met en évidence la pertinence d'un examen minutieux des budgets annuels et illustre ce qui peut et doit être fait dans ce domaine.

Danemark : Projet de loi sur les normes de rendement énergétique des équipements consommateurs d'énergie, 1994

Ce projet de loi s'inscrit dans le prolongement d'une part du programme danois « Energy 2003 », qui vise à améliorer le rendement énergétique, et d'autre part de la directive de la Commission européenne relative à l'étiquetage des appareils ménagers. Il autorise le ministre de l'Énergie à fixer les normes de conception des appareils et de consommation énergétique. L'ESIE a été réalisée en vue de la fixation de normes pour les réfrigérateurs ménagers et les lave-linge.

France : Zones d'exploitation de carrières dans les Yvelines

Depuis 1993, l'établissement des plans d'exploitation départementaux est régi par la loi sur l'exploitation des carrières. Ces plans aident les autorités consultatives et les préfets chargés de délivrer les permis d'exploitation. La nouvelle procédure prévoit une évaluation environnementale des lieux d'implantation possibles des zones. Dans le cas des Yvelines (Région Ile-de-France), de nouvelles zones d'exploitation doivent être prospectées afin de faire face à la demande croissante de matériaux marneux, argileux et calcaires, utilisés par l'industrie du ciment. Le but de l'évaluation environnementale est d'identifier la ou les zones d'exploitation envisageable(s) et de concilier au mieux les contraintes économiques et les considérations écologiques, compte tenu des possibilités et des limites technologiques.

Irlande : Plan national 1994-1999

Ce plan de développement économique multisectoriel et pluriannuel a été établi conformément aux dispositions relatives aux Fonds structurels de l'Union européenne. Les secteurs de développement couverts comprennent les transports et les infrastructures environnementales, l'agriculture et le développement rural, les ressources humaines, le tourisme, l'énergie et les télécommunications, le développement local, la pêche et l'industrie. Le plan et son profil écologique ont fait l'objet d'une EES dans le cadre de la préparation du cadre d'appui communautaire.

Pays-Bas : Schéma directeur pour l'approvisionnement en énergie électrique

Le schéma directeur national sert de fil conducteur pour le choix des combustibles, l'implantation des principales centrales électriques, le tracé des lignes d'alimentation. L'évaluation stratégique menée dans le cadre du décret EIE a permis d'estimer l'impact de diverses options sur les indicateurs environnementaux tels que le réchauffement terrestre, la biodiversité, les déchets et la sécurité.

Pays-Bas : Approvisionnement en eau potable

Cette EES, menée conformément au décret EIE, a montré son utilité dans la prospection et l'évaluation de nouvelles sources d'eau potable. Les effets sur l'assèchement des nappes aquifères et des sols et sur la biodiversité ont été étudiés de manière approfondie à l'aide de modèles, s'appuyant notamment sur les SIG.

Royaume-Uni : Nouveau plan directeur pour le Lancashire

Le plan directeur organise l'occupation des sols du Lancashire au sens large du terme. Il couvre 13 domaines d'action (paysages ruraux, mesures de protection de l'environnement, zones vertes, terres agricoles, tourisme et loisirs, etc.). Chaque domaine d'action comporte un certain nombre d'orientations. Les effets sur l'environnement de chaque orientation sont traduits en points et comptabilisés dans une matrice. Le total des points obtenus indique la viabilité écologique de chaque orientation.

> **Encadré 1. L'EES en quelques exemples clés** (*suite*)
>
> **États-Unis : Programme de restauration de l'environnement et de gestion des déchets**
>
> Le ministère américain de l'Énergie a préparé cette ESIE en vue de l'élaboration d'un programme intégré de restructuration de l'environnement et de gestion des déchets. Le programme comporte des actions de restauration de l'environnement, des activités de gestion des combustibles nucléaires irradiés et de gestion des déchets (déchets de haute activité, déchets transuraniques, déchets mixtes de faible activité, déchets de taille supérieure aux déchets de la classe C et déchets dangereux).
>
> *Source :* CEC (1994), SEA : Existing Methodology ; THERIVEL, R., *et al.* (1992), Strategic Environmental Assessment ; SADLER, B. et VERHEEM, R. (1995), 2nd Draft SEA report.

c) les solutions de rechange éventuelles ;

d) la relation entre l'utilisation, à court terme, et à l'échelle locale, de l'environnement et le maintien et la promotion de la productivité à long terme ;

e) la mobilisation irréversible et irrémédiable de ressources à laquelle l'action donnerait lieu si elle était mise en œuvre.

En pratique, la plupart des agences fédérales ont adopté des réglementations distinctes incorporant les prescriptions de la NEPA en matière d'ESIE. Depuis 1972, plusieurs centaines d'ESIE (ou évaluations programmées (systématiques) de l'impact sur l'environnement) ont été réalisées par les diverses agences. Plusieurs États ont instauré leurs propres cadres réglementaires. La loi californienne sur la qualité de l'environnement constitue le cadre réglementaire le plus complet.

A.2. *Canada*

L'agence canadienne d'évaluation environnementale considère que l'ESIE constitue un vecteur prometteur de prise en compte de la dimension environnementale au plus haut niveau du processus décisionnel. L'agence a mis en place un processus d'évaluation environnemental (non coulé en forme de loi) de toutes les propositions d'actions ou de programmes des pouvoirs publics que les départements et agences sont tenues de soumettre au gouvernement. Cette réforme fait suite à l'ensemble de réformes du processus d'évaluation et d'analyse environnementale, annoncé par le gouvernement canadien en 1990. La proposition de loi relative à l'évaluation environnementale figurait également au rang de ces réformes.

Le gouvernement canadien décida que l'annonce de l'initiative serait, le cas échéant, accompagnée d'une déclaration publique concernant ses effets probables sur l'environnement, déterminés à l'issue d'une évaluation environnementale. Cette déclaration est, en quelque sorte, la matérialisation de l'évaluation. Les informations environnementales tirées d'une étude d'impact relative à un programme ou une action d'un pouvoir public viendront appuyer le processus décisionnel, au même titre que les autres facteurs (économiques, sociaux et culturels) pris en compte pour l'évaluation des propositions. Les décisions relatives aux actions et programmes suivants donnent lieu à une évaluation de l'impact sur l'environnement :

a) Propositions de politiques ou de programmes soumis au gouvernement.

b) Examen, par le gouvernement, ou par les ministres, de nouveaux instruments réglementaires.

c) Propositions de politiques et de programmes, examinées, à titre personnel, par les ministres.

Même si la plupart des méthodes d'évaluation de l'impact sur l'environnement des initiatives relatives à des actions et des programmes des pouvoirs publics évoluent encore, le gouvernement est attaché au concept afin d'assurer que les principes soient appliqués, de manière cohérente, à un stade de développement précoce. Le Bureau fédéral d'examen des évaluations environnementales et l'agence appelée à lui succéder continueront d'ailleurs de développer des outils d'aide à l'évaluation environnementale des initiatives précitées. Préconisations méthodologiques, manuels didactiques et conférences figurent au nombre de ces outils.

A.3. États membres de l'Union européenne

En 1998, la Direction générale XI de la Commission européenne a, en coopération avec le ministère de l'Environnement du Land de Brandebourg et de l'agence fédérale pour l'environnement (Allemagne), organisé un atelier intitulé « Strategic Environmental Assessment in Europe ». Les lignes ci-après en résument quelques-uns des résultats les plus intéressants :

a) Expérience et procédures en matière d'EES

La plupart des pays ont reconnu la nécessité de soumettre les plans et les programmes à une EES, qu'ils considèrent comme une version améliorée de l'EIE ou dans laquelle ils voient un moyen d'assurer un développement plus durable. Dans un certain nombre de pays, des législations et procédures sont soit intégrées à la législation existante en matière d'EIE, soit élaborées dans le cadre de dispositions législatives distinctes. Des études pilotes existent également dans la plupart des États membres (voir annexe 1).

Dans les États membres, la majorité des exemples d'EES concernent l'aménagement du territoire. L'expérience acquise dans ce domaine a permis de mettre en évidence les avantages et les difficultés liées à l'EES. L'attention se focalise surtout sur la question des alternatives et du stade de développement auquel est parvenu le plan ou le programme au moment de la réalisation de l'EES. En ce qui concerne le choix des alternatives, les autorités compétentes en matière d'environnement tendent à privilégier les objectifs environnementaux qualitatifs, alors que d'autres autorités sectorielles demandent que leur soient proposées des alternatives techniquement et/ou économiquement réalisables. L'EES peut contribuer à concilier différents points de vue, surtout si elle intervient à un stade très précoce du processus de planification, permettant de prendre en compte un vaste éventail de questions.

Lorsqu'une décision doit être prise concernant un plan ou un programme, il faut prendre en considération des éléments économiques, sociaux et environnementaux. Dans la pratique, les préoccupations environnementales restent encore souvent largement subordonnées aux impératifs économiques. L'atelier a dès lors souligné la nécessité d'élaborer des méthodes permettant de procéder à des comparaisons équilibrées.

L'expérience acquise sur le terrain concerne principalement l'application de l'EES à des plans formels prenant en compte des références spatiales, alors que le terrain reste largement inexploré pour ce qui est des plans ou des programmes informels ne présentant pas de références spatiales ou, plus encore, les plans et programmes présentés par le secteur privé.

L'EES des politiques diffère considérablement de l'EES des plans et programmes en ce qu'elle s'intéresse principalement aux conséquences environnementales des projets de lois et de décisions ministérielles. Dans bon nombre de pays, des dispositions concernant l'EES des politiques ont déjà été adoptées ou ébauchées. Aux Pays-Bas, la création de « guichets » d'expérimentation environnementale constitue un exemple de disposition adoptée en vue d'encourager la coopération entre différents ministères, qui est considérée comme un élément clé du processus d'EES à un niveau aussi stratégique du processus.

b) Quelques contraintes de mise en œuvre

Pour les experts ayant participé à l'atelier, les contraintes les plus importantes sont d'ordre juridique et ou politique. La nécessité d'adopter l'EES est souvent mise en doute par crainte de voir ce processus déboucher sur des retards ou des difficultés non compensées par des avantages supplémentaires. Les experts ont conclu que le secteur de l'environnement devrait davantage s'attacher à souligner et expliquer les avantages potentiels de l'EES et s'employer à surmonter les contraintes politiques. Les experts ont également perçu des difficultés de mise en œuvre pratique de l'EES lorsque les compétences en matière de planification et d'environnement sont partagées entre différentes agences ou différents niveaux administratifs. Ce constat vaut en particulier pour les pays dotés de structures de type fédéral.

Enfin, le manque d'informations concernant des cas de figure concrets demeure une entrave majeure au développement effectif de la pratique de l'EES. Pour mieux faire comprendre les procédures d'EES et leur application pratique, il faut, en priorité, améliorer l'échange d'information et la documentation.

A.4. *Dispositions réglementaires relatives à l'EES dans les États membres de l'UE*

Dans le contexte de l'évaluation globale de l'état de mise en œuvre du cinquième programme d'action de l'UE en matière d'environnement (1992), l'Agence européenne pour l'environnement a dressé un inventaire des EES réalisées dans les quinze États membres dont les conclusions sont résumées dans le tableau 4 ci-après[15].

Une enquête par questionnaires et l'étude d'ouvrages existants ont permis de dresser un inventaire des dispositions législatives de portée nationale ou régionale en vigueur dans les États membres qui imposent l'EES pour les politiques, plans ou programmes ou, en l'absence de dispositions de ce genre, de faire le point sur celles qui sont en cours de préparation. Les informations recueillies sont réunies dans le tableau 4 dont la colonne A doit être interprétée comme suit :

Tableau 4. **État de mise en œuvre des EES dans les États membres de l'UE : obligation légale (A), cas concrets (B) et autres mécanismes de prise en compte de l'environnement dans les PPP (C)**

Question	A	B	C Autres mécanismes de prise en compte de l'environnement dans les Politiques, Plans et Programmes			
Pays	Statut	Cas généraux*	Mécanismes institutionnels	Stratégies/ politiques	Aménagement du territoire	Autres
Allemagne	Néant	Oui			Oui	
Autriche	Néant	Oui		Oui		Oui
Belgique (Bruxelles)	Néant	Oui		Oui	Oui	
Belgique (Flandre)	En projet	Oui				
Belgique (Wallonie)	Législation PP	Oui			Oui	
Danemark	Législation PPP	Oui				Oui
Espagne	En projet/législation PP	Oui				
Finlande	Législation PP	Oui	Oui			
France	Législation PP	Oui			Oui	
Grèce	Néant	Oui				
Irlande	En projet	Oui	Oui		Oui	Oui
Italie	En projet	Oui				
Luxembourg	Néant	Non		Oui	Oui	
Pays-Bas	Législation PPP	Oui	Oui			
Portugal	Néant	Oui				
Royaume-Uni	Néant	Oui	Oui	Oui		
Suède	Néant	Oui	Oui	Oui		

Note : Les « oui » de la colonne marquée d'un astérisque signifient qu'il s'effectue des EES dont le champ va des plans locaux aux stratégies nationales, sans rien vouloir dire de leur nombre ou de leur importance.
Source : (avec adaptations de l'auteur) : Agence européenne pour l'environnement (1999) : États des progrès accomplis dans la marche vers l'intégration – Contribution à l'évaluation globale du cinquième programme d'action pour l'environnement; rapport intérimaire établi par Environmental Resources Management (31 mars 1999).

- « néant » : pas de dispositions imposant l'EES, en attendant l'adoption de la proposition de directive ;
- « en projet » : pas de dispositions imposant l'EES, mais les projets de loi sont à l'étude ;
- « législation PP » : il existe des lois imposant l'EES pour les plans et les programmes ;
- « législation PPP » : il existe des lois imposant l'EES pour les politiques, les plans et les programmes.

© CEMT 2000

Quoique la directive relative à l'EES n'ait pas encore été adoptée, plusieurs pays et régions administratives ont déjà pris des dispositions anticipant sur la législation de l'Union européenne :

- le Danemark, la Finlande et les Pays-Bas ont rendu l'EES obligatoire pour les politiques, les plans et les programmes ;
- plusieurs régions espagnoles ainsi qu'une région belge (la Wallonie en l'occurrence) l'imposent pour les plans et les programmes, mais pas encore pour les politiques.

Dix des quinze pays concernés n'ont pas encore légiféré, mais la plupart affirment participer activement à la définition de la nature et de la portée de la directive. Le Royaume-Uni et les Pays-Bas sont seuls à s'être engagés sur le plan des transports et de l'énergie (Royaume-Uni) ou de l'énergie et de l'agriculture (Pays-Bas). Un manuel intitulé « *Guidance Manual on the Strategic Environmental Assessment of Multi-Modal Studies* » sera publié dans le courant de l'année au Royaume-Uni. Les États membres ont, dans leur majorité, commencé à réaliser, qu'ils aient ou n'aient pas adopté de dispositions relatives à l'EES, des EES pilotes répondant aux conditions définies dans le projet de directive (voir section C.2).

Les États membres ont également été invités à préciser si des EES ont effectivement été réalisées pour déterminer l'impact de politiques, plans ou programmes sectoriels ou régionaux sur l'environnement. Leurs réponses, représentées par les « oui » et les « non » dans la colonne B du tableau 4, font apparaître que beaucoup de pays ont réalisé des EES pilotes, au moins à titre expérimental, et que plusieurs autres ont effectivement mené des EES à plusieurs reprises (et par exemple les Pays-Bas, le Royaume-Uni, la Suède et l'Espagne).

En l'absence de dispositions anticipant sur l'entrée en vigueur de la directive communautaire, les auteurs du rapport se sont penchés sur les autres mécanismes utilisés par les États membres pour intégrer la protection de l'environnement ou le développement durable dans leurs politiques, leurs plans et leurs programmes. L'utilisation de ces mécanismes est confirmée par l'inscription, dans le tableau, d'un oui sous l'un des trois en-têtes suivants :

- *Intégration institutionnelle* : prise en compte des questions d'environnement au moyen de mécanismes institutionnels destinés à faciliter le dialogue et à promouvoir la mise en œuvre d'actions (plans nationaux de l'environnement, stratégies sectorielles, etc.) qu'aucune loi ne rend obligatoires, mais en faveur desquels les pouvoirs publics se sont formellement engagés.
- *Aménagement du territoire* : prise en compte des questions d'environnement dans les cas où les lois d'aménagement obligent à soumettre un plan régional à une EES.
- *Autres mesures* : toutes les autres mesures prises par les États pour donner une dimension environnementale aux stratégies qu'ils décident de mener.

Il est encourageant de constater qu'il existe beaucoup d'autres approches de l'évaluation environnementale stratégique et d'autres mécanismes permettant d'arriver aux mêmes résultats dans le domaine notamment de l'aménagement de l'espace et de l'examen interministériel des stratégies et des politiques nationales. Divers mécanismes institutionnels fonctionnent çà et là, sous la forme le plus souvent de réseaux ou de comités de ministres « verts » ou de fonctionnaires chargés d'intégrer les questions d'environnement dans les stratégies sectorielles.

A.5. *Pays d'Europe centrale et orientale*

La plupart des pays d'Europe centrale et orientale (PECO) sont en train d'introduire le principe de l'EES dans leur cadre législatif, couvrant jusqu'ici la seule EIE, en tant que démarche nouvelle pour aborder l'évaluation environnementale à différents niveaux stratégiques du processus décisionnel. Dans la plupart de ces pays, les dispositions concernant les EIE reposaient sur la Directive 85/337/CEE, et n'étaient donc pas totalement adéquates pour permettre une évaluation précoce et efficace. S'agissant de la planification du transport, nombre des principaux problèmes rencontrés se posent également dans les pays d'Europe occidentale :

- absence d'évaluation environnementale stratégique des politiques nationales de transport et des programmes régionaux de transport ;

- manque de coordination entre les EIE et l'aménagement du territoire – et spécialement insuffisance de l'évaluation environnementale des plans régionaux d'aménagement du territoire, qui conditionnent souvent la localisation de tous les projets de transport ;

- absence de participation du citoyen à l'évaluation environnementale – participation tardive et inadéquate du citoyen aux EIE (notification insuffisante, médiocrité de l'organisation des audiences publiques et du traitement des observations des citoyens), suscitant des conflits plutôt que contribuant à la recherche de solutions rationnelles. Les EIE consacrées aux projets de transport peuvent donc devenir le sujet de débats politiques au lieu de faire l'objet d'une évaluation rationnelle ;

- absence de méthodes systématiques et d'application générale permettant d'évaluer les effets cumulés et les synergies, sur le plan de l'environnement, des projets de développement du transport ;

- absence de méthodes systématiques et d'application générale permettant d'évaluer les effets socio-économiques des projets de transport, sans tenir compte des affirmations relatives aux effets positifs des projets de transport sur la « cohésion sociale et économique ».

Certains éléments de l'EES ne sont pas véritablement nouveaux dans ces pays. Avant 1990, de vastes plans socio-économiques (plans économiques pour les différents secteurs et plans d'aménagement de l'espace pour les régions et les entités locales) constituaient le cadre à l'intérieur duquel ces pays planifiaient leur développement. L'aménagement de l'espace jetait – en théorie – les bases d'une meilleure prise en compte des facteurs environnementaux (voir annexe 1). Dans la pratique, cependant, le poids des facteurs économiques et politiques était tel que les questions d'environnement étaient reléguées au second plan[16].

En 1998, l'Initiative de Sofia sur les EIE passait en revue, dans son rapport « SEA in Transitional Countries : Emerging Practices » l'état des applications des EES dans le cadre des systèmes d'EIE et d'aménagement du territoire dans les PECO. Parmi les pays couverts par l'enquête, trois seulement – la République tchèque, la Slovaquie et la Bulgarie – ont adopté des dispositions législatives exigeant une évaluation environnementale des programmes, des plans et des politiques. Dans plusieurs autres pays, comme la Lituanie, la Slovénie et la Pologne, il existe en matière d'EES des dispositions plus étroites se rapportant spécifiquement à l'aménagement du territoire ou de l'espace. L'expérience pratique de l'EES reste limitée dans les PECO, principalement en raison du manque de connaissance des méthodologies. Le tableau 5 offre une vue d'ensemble des dispositions législatives concernant les EIE et les EES dans

Tableau 5. **Vue d'ensemble des dispositions législatives concernant les EIE et les EES dans les PECO**

Pays	Loi sur l'EIE	EIE prévue dans d'autres lois	EIE de programmes, plans et politiques	EIE uniquement pour les plans d'aménagement du territoire	Règlement, décret ou ordonnance sur l'EIE
Slovaquie	Oui		Oui		Pas encore
Croatie	Non	Oui	Non		Non
Bulgarie	Non	Oui	Oui		Oui
Lettonie	Non (Loi sur l'expertise écologique)		Non		Non
Lituanie	Oui		Oui	Oui	Non
Macédoine	Non	Parfois	Non		Non
Slovénie	Non	Oui	Non	Oui	Non
Monténégro	Non	Non	Non		Non
République tchèque	Oui	Oui	Oui		Oui
Estonie	Non	Non	Non		Oui
Hongrie	Non	Oui	Non		Oui
Pologne	Non	Oui	Non	Oui	Oui

Source : Overview of EIA and SEA Provisions in Laws in CEECs (In : Mikulic, N. Dusik, J. Sadler, B. and S. Casey-Lefkowitz : SEA in Transitional Countries : Emerging Practices, 1998).

les PECO, et les exemples suivants montrent que ces pays acquièrent peu à peu de l'expérience dans ce domaine.

- En Slovaquie, l'application de l'EES aux politiques de développement et la diffusion d'informations concernant la planification régionale sont obligatoires depuis 1994 en vertu de la loi sur l'EIE (N° 127/1994). Un projet de règlement concernant l'EES a été élaboré en 1996-1997. Ce projet fixe, de manière plus détaillée, les procédures d'évaluation environnementale des politiques de développement, les règles de publicité relatives à l'aménagement du territoire et les procédures en matière de propositions législatives. Tandis que ce règlement devrait, en principe, être en vigueur en 1999, une EES de la politique énergétique de la Slovaquie a été réalisée en 1997-1998.

- En Slovénie, la loi relative à la protection de l'environnement de 1993 impose la réalisation d'études de « sensibilité écologique », couvrant toutes les régions écologiques du pays, en lieu et place des anciens plans régionaux. Une EES des principaux axes routiers de la Slovénie a été effectuée en 1994-1995.

- La loi polonaise sur l'occupation des sols, entrée en vigueur en 1995, stipule que le développement durable doit être la clef de voûte de toute décision en matière d'utilisation des sols. La loi dispose que les plans locaux d'affectation des sols doivent faire l'objet d'une « prévision des effets sur l'environnement ». Un arrêté d'exécution du ministre chargé de la protection de l'environnement, des ressources naturelles et des forêts précise les exigences auxquelles cette prévision doit satisfaire quant au fond. Bien qu'il ne constitue pas une EES au sens propre du terme, cet exercice de prévision permet d'évidence d'appliquer les principes et les procédures de l'EIE à l'évaluation des plans. L'évaluation de l'effet sur l'environnement de la politique polonaise des transports, révisée en 1996, constitue un exemple d'EES[17].

- En Hongrie, l'EES se fonde sur la loi de 1995 concernant la protection de l'environnement. L'article 43 de cette loi précise que l'EES est obligatoire pour les plans socio-économiques nationaux, les décisions ayant un impact régional, les instruments réglementaires économique liés à la protection de l'environnement et les réglementations susceptibles d'influer sur les milieux de l'environnement, la qualité de l'environnement et la santé en liaison avec l'environnement. La loi reste muette en ce qui concerne les modalités appelées à régir l'EES. Une EES d'un réseau autoroutier a été réalisée en 1993.

- En Tchéquie, l'EES est obligatoire en vertu de la loi fédérale tchécoslovaque de 1992 (N° 244/1992), qui dispose qu'une EIE doit être effectuée au stade préparatoire des programmes de développement et lors de l'élaboration de nouvelles propositions législatives. Une EES de la politique énergétique de la République tchèque a été réalisée en 1998.

- L'évaluation environnementale des plans et programmes a été rendue obligatoire en Bulgarie par le premier règlement relatif à l'EIE, adopté en 1995. Le nouveau règlement, entré en vigueur en 1998, impose une évaluation de l'impact sur l'environnement à tous les programmes de développement et d'investissement nationaux et régionaux, les plans régionaux et urbains et leurs modifications, les décisions de construction susceptibles d'entraîner une modification de l'utilisation des terres agricoles, ainsi que pour certaines activités liées à l'exploitation forestière. Des EES simplifiées ont été entreprises pour des plans d'urbanisme concernant différentes parties du pays.

- Il semble que le processus d'aménagement du territoire, contrairement aux activités d'élaboration des politiques ou des programmes dans d'autres secteurs, comprenne des éléments naturels d'évaluation environnementale en Europe centrale et orientale. En Croatie, par exemple, certains éléments d'évaluation environnementale sont mis en œuvre dans la préparation du plan d'occupation des sols, du plan directeur général et du plan d'aménagement, bien que la loi n'exige pas explicitement la conduite d'une EES.

B. Expériences nationales dans le domaine du transport et des EES

Après cet examen des EES dans un contexte général, la présente section analyse quelques exemples d'EES menées par différents pays dans le secteur des transports. L'encadré 2 présente une liste établie sur la base d'études consacrées à l'EES et publiées au cours des années 90. La plupart des cas sont décrits plus en détail dans deux études réalisées par la direction générale VII (Transports) de la Commission européenne, à savoir : Methodology for transport impact assessment (DG VII, 1995) et State of the art on SEA for transport infrastructure (DG VII, 1995). Plus récemment, la DG VII a publié un manuel de l'EES des plans de transport qui, à partir d'un certain nombre d'exemples, explique les principales étapes de l'EES[18].

Encadré 2.   **Autres exemples d'EES à différents niveaux de planification du transport**

Allemagne	– Plan fédéral des infrastructures de transport
	– Le « Bundesverkehrswegeplan »
Belgique	– Étude thématique du projet de ligne à grande vitesse Paris/Londres – Bruxelles – Cologne/Amsterdam
	– Rhin de fer (ligne marchandises) : comparaisons multimodales
	– Extension ferroviaire du port d'Anvers vers l'est
Danemark	– Transports 2005
Espagne	– Plan national de transport à 15 ans
Finlande	– Plan de développement du réseau de routes nationales
France	– Corridor du Nord
Irlande	– Plan de transport pour la région de Dublin
Italie	– Évaluation du programme de lignes à grande vitesse
Norvège	– Plan « Routes et transports 1998-2008 »
Pays-Bas	– Ligne à grande vitesse Rotterdam – Anvers « Meten = Weten » (Chiffrer, c'est savoir)
	– Ligne marchandises de la Betuwe
	– Étude du corridor Amsterdam – Utrecht
	– Faisabilité des infrastructures souterraines de transport
Royaume-Uni	– Aspects budgétaires et financiers des plans de transport
	– Capacité environnementale du West Sussex
	– Étude du système des transports du Grand Hull
Slovénie	– Évaluation environnementale de la politique des transports
Suède	– Plan national de gestion des routes
	– Plan routier de la Suède méridionale
	– Plan du réseau « Grandes lignes » 1994-2003
	– Investissements dans les transports urbains

Le but de ces deux études était de procéder à un tour d'horizon mondial de la politique en matière d'EES des transports. Cependant, ces études se concentrent sur des exemples européens et seul un nombre d'études limité porte sur d'autres pays (Canada, Japon, USA). De plus, ces études ne comprennent pas d'exemples où l'EES dans le secteur des transports est une partie intégrante d'une recherche d'évaluation plus large (comme par exemple pour le cas des EESs de Plans de Développement Régional dans le processus décisionnel des Fonds structurels).

L'évaluation environnementale stratégique

Figure 2. **Exemple d'intégration de l'EES dans le processus de planification des transports**

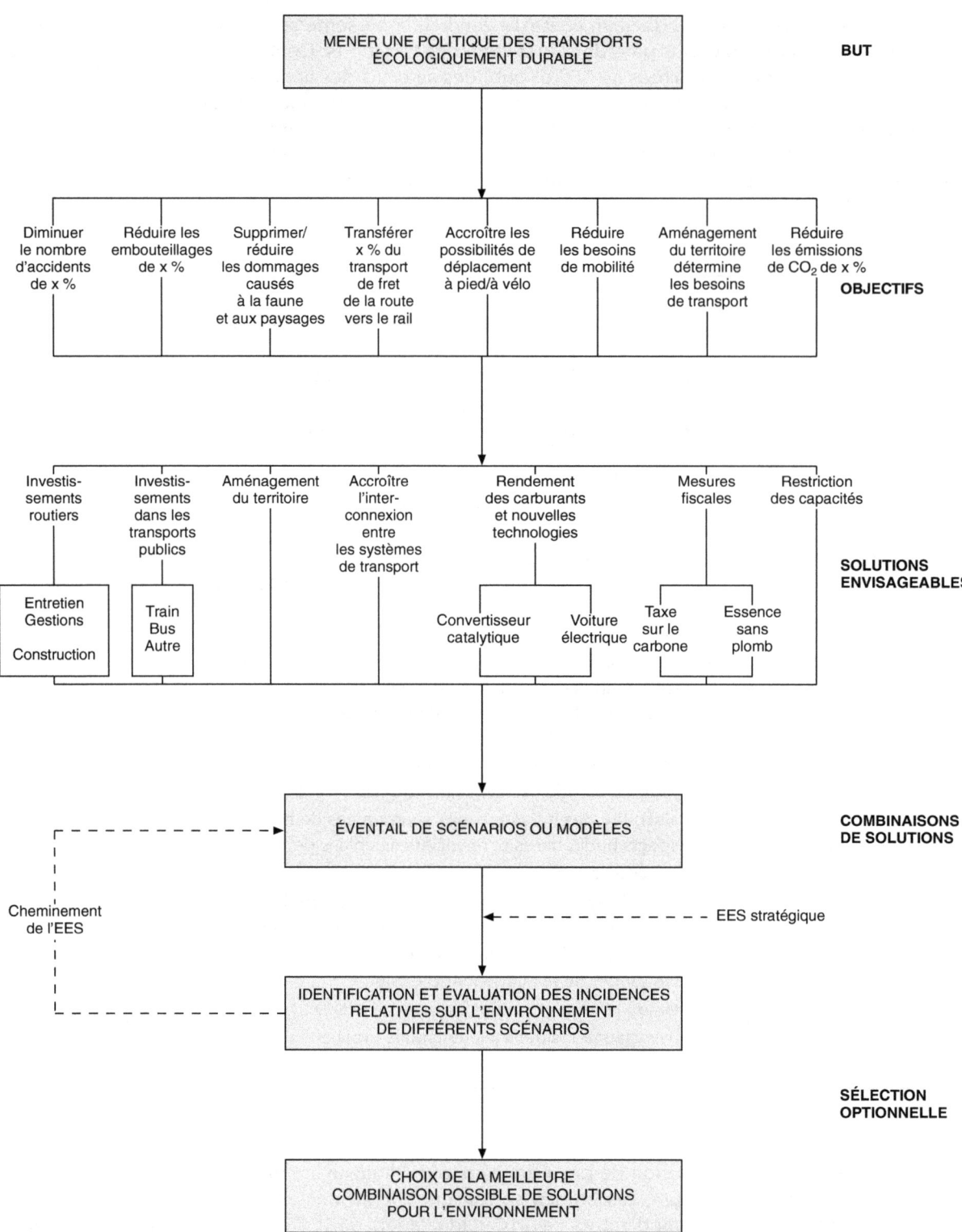

Note : Les objectifs et solutions indiqués ne sont que des suggestions ; ils peuvent être beaucoup plus ou moins nombreux selon le cas.
Source : Sheate W.R., Strategic environmental assessment in the transport sector, in Project Appraisal, vol. 7, n° 3, septembre 1992.

Les études montrent que l'on peut trouver des exemples dans chaque pays. La plupart des EES ont été conduites volontairement. Toutefois, certains pays ont adopté des dispositions légales imposant une EES pour les PPP de transport. En Suède, par exemple, l'EES est obligatoire depuis 1992 pour tout ce qui concerne la planification nationale et régionale à long terme des investissements routiers. Aux États-Unis, la déclaration sur la politique environnementale de la Federal Highway Administration impose la prise en compte de la protection de l'environnement dans tous les programmes de l'Agence.

Bien que l'EES puisse concerner tous les niveaux de planification (politiques, plans et programmes) et tous les modes de transport, la plupart des applications pratiques concernent des programmes routiers, ce qui s'explique par le fait que l'infrastructure et le transport routiers occupent une position très dominante dans la plupart des systèmes de transport. En outre, l'utilisation de l'EES devrait augmenter à mesure que les pays progressent sur la voie de la structuration du processus de planification pour le secteur du transport, et que des liens plus étroits sont établis entre la planification de ce secteur et l'aménagement du territoire (comme on l'observe au Royaume-Uni).

L'expérience de l'EES des programmes de développement financés par l'Union européenne ou d'autres institutions internationales de financement apporte un soutien à cette liaison entre planification structurée et EES. En règle générale, ces programmes sont soumis à des règles strictes, ce qui permet à l'autorité responsable du développement de déterminer les stades précis auxquels l'EES peut apporter une contribution au cours du processus de planification.

L'approche à l'égard de l'EES varie considérablement d'un pays à l'autre. Les différences reflètent essentiellement les choix concernant la conduite d'une EES à part entière ou l'inclusion de l'évaluation environnementale dans un processus d'évaluation plus vaste, couvrant également les conséquences sociales et économiques (évaluations coût-avantages ou multicritère) ; les évaluations multimodales ou unimodales : les évaluations multimodales sont rares, ce qui s'explique par le fait que les plans émanent d'autorités différentes, compétentes pour des secteurs distincts et met en exergue le manque de coordination et de cohérence entre les modes, qui caractérise encore les pratiques de nombreux pays.

B.1. *Exemples d'EES à différents niveaux de planification du transport*

Belgique/Pays-Bas

Étude comparative de différentes options en ce qui concerne le tracé de la ligne de TGV entre Anvers et Rotterdam

Les premières propositions concernant l'implantation du TGV belge ont été présentées par la SNCB en 1990 et ont été ensuite intégrées aux plans régionaux. Depuis, le tracé de la ligne Anvers-Rotterdam a fait l'objet d'un dialogue politique permanent entre les deux pays. En 1994, les deux gouvernements décidèrent de procéder à une évaluation transfrontalière du corridor emprunté par les principaux tracés, et donc aussi à une évaluation globale de l'impact sur l'environnement. Un groupe de travail bilatéral, composé de fonctionnaires et d'experts des deux pays, des diverses instances gouvernementales et des compagnies de chemin de fer, fut constitué. Ce groupe de travail avait pour mission principale d'effectuer une évaluation transfrontalière comparative (environnement, effets sur l'espace, circulation et coûts de construction) des diverses options retenues. En Belgique, la consultation publique fut menée dans le cadre de la procédure de révision des plans locaux d'aménagement du territoire. Aux Pays-Bas, la consultation et la participation du citoyen furent organisées dès 1994 dans le cadre de la « Planologische kernbeslissing » (décision-cadre sur l'aménagement du territoire). Un tracé a finalement été adopté en 1997. Ce cas est particulièrement intéressant en ce sens qu'il met en présence deux procédures de planification différentes dans un contexte transfrontalier.

Canada

ESIE des amendements à la loi sur le transport du grain de l'Ouest (LTGO)

La LTGO visait à garantir aux chemins de fer des recettes suffisantes pour assurer le transport du grain, et ce par une augmentation des contributions versées par le gouvernement fédéral et les chargeurs. Cette loi a notamment eu pour effet de décourager la production de bétail et de plantes fourragères et les pratiques d'assolement. En 1992, Agriculture Canada réalisa une étude sur la LTGO, en y intégrant les questions environnementales. Des techniques de modélisation et d'analyse socio-économique furent utilisées pour cerner les effets sociaux et économiques probables et évaluer les effets potentiels sur l'environnement. Ces informations ont ensuite été utilisées pour développer et affiner les grandes orientations de l'action publique. Les effets environnementaux potentiels, imputables aux transports et liés à l'aménagement du territoire, furent identifiés. Des études détaillées d'impact sur l'environnement furent ensuite effectuées dans ces deux domaines en exploitant les informations générées par les analyses socio-économiques.

République tchèque

Il a été indiqué, lors de la réunion de mai 1999 de l'Initiative de Sofia sur les EIE[19], que la République tchèque avait achevé ou poursuivait des travaux sur les EES ci-après :

- EES de la stratégie pour le développement des cadres de Transport jusqu'en 2010 (République tchèque, achevé) ;
- EES de la stratégie de développement de la Région de Plzen (République tchèque, achevé) ;
- EES de la stratégie de développement de la Région de Budejovice (République tchèque, achevé) ;
- EES du Plan de développement régional de la République tchèque (République tchèque, en cours) ;
- EES de la stratégie nationale de développement régional de la République tchèque (République tchèque, en cours) ;
- EES du Programme opérationnel régional pour le NUTS II Sud-Est (République tchèque, en cours).

Estonie

Les travaux consacrés à l'EES du transport sont relativement peu nombreux ; néanmoins, une évaluation environnementale du Plan de développement de l'île Naissaar a été réalisée en 1997.

Danemark[20]

C'est en 1995 qu'on a commencé à envisager, au Danemark, la réalisation d'EES pour les plans régionaux, et une EES concernant un corridor de transport a été consacrée, en 1998, à l'autoroute Odense-Svendborg. Il avait été proposé, lors du lancement de l'EIE relative à ce projet d'autoroute, d'examiner des solutions ferroviaires. L'Administration danoise des routes décidait alors d'entreprendre une étude sur le corridor pour envisager les effets d'une amélioration des services ferroviaires ou de la construction d'une autoroute, ou d'une combinaison des deux projets. Au terme de l'étude, la décision était prise d'apporter des améliorations aux deux modes de transport.

Dans le document préparatoire publié en 1999 en vue de la révision du plan régional prévue pour 2001, le gouvernement propose une EES pour tous les plans régionaux, et note que les impacts sur l'environnement, ainsi que les possibilités d'un développement durable, devraient être présentés et analysés dans le contexte des différentes possibilités de développement.

Finlande[21]

Entrée en vigueur en 1994, la loi finlandaise sur les EIE prévoit que la préparation par une autorité quelconque d'un plan, d'un programme ou d'une politique dont la mise en œuvre est susceptible d'avoir un impact significatif sur l'environnement doit être accompagnée, dans toute la mesure nécessaire, d'un examen et d'une évaluation de son impact. Pour ce qui concerne les plans d'urbanisme, les plans régionaux et les plans directeurs, des obligations correspondantes sont inscrites dans la loi sur le bâtiment. La loi sur les EIE chargeait le Conseil d'état d'édicter des directives générales à cet effet ; ces directives ont été adoptées en 1998. En 1999, et sur la base d'études pilotes effectuées à partir de 1995, le gouvernement a publié des directives applicables à l'évaluation environnementale des Plans de développement régional. L'Administration des routes s'est ralliée aux EES en 1996, avec une étude relative à son

Programme quadriennal d'action et de financement, et en conduit actuellement une autre à propos de son Plan à long terme pour 2015.

Un groupe d'étude a été constitué été constitué pour évaluer l'impact environnemental des projets du volet finlandais du Triangle nordique. Ses travaux se sont concentrés sur la croissance du trafic, le développement de solutions de rechange, et les impacts environnementaux de ces solutions de rechange. Quatre projets d'investissements dans les domaines routier et ferroviaire ont été élaborés et évalués en fonctions des impacts, positifs et négatifs considérés comme les plus importants sur l'économie nationale, la structure régionale et urbaine, l'environnement naturel et culturel, la protection des eaux souterraines, la consommation d'énergie, les émissions, et la sécurité routière.

L'EES a examiné l'impact de trois solutions possibles pour le Plan relatif au réseau de transport de la zone métropolitaine d'Helsinki. L'an 2020 est l'horizon retenu pour cette évaluation. Des indicateurs ont été choisis pour le trafic et la mobilité, l'utilisation des sols, et les impacts sociaux et environnementaux.

France

Corridor Nord[22]

Une étude sur les corridors multimodaux a été conduite, en France, pour le Corridor Nord orienté en direction de Bruxelles. L'étude s'est déroulée en deux phases :
- recensement des itinéraires possibles pour chaque mode ;
- comparaison des scénarios de nouvelles infrastructures.

On a utilisé, sur la base d'un SIG, une série de critères environnementaux pondérés (voir le tableau 6) pour recenser les itinéraires adéquats pour chaque mode, avec une superposition de chaque pixel pour rendre compte de l'enjeu (ou de l'intérêt), de la sensibilité aux perturbations, et de l'effet résiduel après atténuation des impacts.

Tableau 6. **Critères de sélection d'itinéraires pour le Corridor Nord**

Thème	Indicateur	Thème	Indicateur
Eaux de surface	• Réseau hydrographique < 15 m • Réseau hydrographique > 15 m • Eaux de surface < 50 ha • Eaux de surface > 50 ha	Agriculture	• Cultures spécialisées < 25 ha ; > 25 ha • Sol fragile • Grandes cultures • Culture polyvalente • Pâturages
Eaux souterraines	• Productivité du captage d'eau potable : < 10 m^3/h ; 10-100 m^3/h ; > 100 m^3/h	Patrimoine	• Zones de patrimoine urbain et industriel protégées • Bâtiments remarquables : édifices ; zone à protéger ; zone de conservation
Milieu naturel	• Ordre de préservation du biotope • Réserve naturelle • Zone de protection spéciale • Zone d'intérêt pour les communautés aviaires • SSSI 1 • SSSI 2 • Site naturel protégé • Marécages < 50 ha • Marécages > 50 ha • Lande, broussailles, etc.	Activités humaines et industrielles	• Urbanisation existante • Zone industrielle et commerciale < 100 ha ; > 100 ha • Installation industrielle dangereuse • Site contaminé • Aéroport • Terrains militaires • Ligne principale de transport d'électricité • Décharge/carrière < 100 ha ; > 100 ha
Végétation	• Massif boisé : < 300 ha ; 300-1 000 ha ; > 1 000 ha	Paysage	• Paysage remarquable et exceptionnel
Bruit	• Zone calme		

Un certain nombre de questions méthodologiques ont surgi au cours de l'étude :
- représentation des effets de plus d'un mode de transport dans un corridor ;
- variabilité du nombre d'éléments du transport dans chaque scénario ;
- évaluation des effets cumulés ;
- niveaux variables des données et de l'harmonisation des détails des projets ;
- diversité des types d'éléments du transport, par exemple nouvel itinéraire ou itinéraire existant ;
- jumelage de certains éléments d'infrastructure ;
- calendrier de mise en œuvre tel que les nouvelles infrastructures ne seront pas prêtes au même moment.

On a estimé que cet exemple français avait répondu à ses objectifs en clarifiant les questions en vue du débat public, en comparant les différentes options en matière de transport, et en donnant une indication de l'utilisation possible d'un SIG. Bien que l'exercice ait été considéré comme réussi, on note qu'il fait apparaître certaines faiblesses liées à la disponibilité de différentes techniques d'évaluation. Ainsi, l'approche SIG convient bien au traitement des questions environnementales pouvant faire l'objet d'un mappage, mais l'analyse échoue lorsque les aspects traités ne se prêtent pas au mappage. Dans ce contexte, les relations avec les questions liées aux politiques et aux dimensions sociale/communautaire ou sanitaire ne sont pas prises en compte. L'étude apporte néanmoins, dans le domaine des méthodologies employées, des enseignements précieux dont d'autres pays pourraient tirer profit.

L'étude de cas met toutefois en évidence une approche intéressante de la question de savoir comment aborder, à un niveau stratégique, les mesures d'atténuation des impacts. L'étude s'est appuyée sur des opinions autorisées pour déterminer la difficulté probable de la mise en place de nouvelles infrastructures reflétant la mesure dans laquelle des méthodes d'atténuation des impacts pourraient être appliquées avec succès. Il s'agit là d'un aspect d'une importance particulière pour l'EES, étant donné que si l'évaluation des différentes options ne prend pas en compte l'atténuation, on court le risque de voir choisir la moins mauvaise des solutions plutôt que la meilleure. En revanche, lorsque l'atténuation est prise en compte, il faut avoir la certitude que la mesure d'atténuation des impacts sera appliquée au niveau du projet, faute de quoi le projet sortirait du cadre approuvé de l'EES et pourrait donc faire l'objet d'une contestation au plan juridique.

Proposition de projet multimodal pour l'axe A7/A9[23]

L'étude, commanditée par le ministère de l'Équipement, des Transports et du Tourisme, avait pour but d'identifier les mesures qui pouvaient être prises pour délester l'A7 et l'A9 et éviter ainsi la saturation complète de ces axes routiers à l'horizon 2010. L'évaluation portait sur les mesures suivantes : construction de routes, construction d'infrastructures autres que routières (autobus et train, transport combiné et ferroviaire) et mesures d'exploitation du trafic. L'EES a été réalisée sur la base de trois scénarios : comparaison entre l'autoroute et l'autoroute ferroviaire, nouvelles liaisons routières et effets sur la qualité de l'air et de l'eau et sur la sécurité des diverses options possibles (route, rail et voie navigable).

Allemagne

Plan fédéral des infrastructures de transport (FTIP)

Le FITP adopté en 1992 est un plan de développement à long terme (1991-2012) des infrastructures de transport dans l'ensemble de la République fédérale. Il couvre les chemins de fer, les grands axes routiers, les voies navigables et le transport aérien, toutes ces matières étant de la compétence du gouvernement fédéral. Les objectifs généraux du FTIP sont notamment la reconstruction et l'amélioration des infrastructures de transport dans les nouveaux *Länder*, la création d'un réseau ferroviaire à grande vitesse, l'investissement dans les infrastructures routières des anciens *Länder*, la suppression des goulets d'étranglement dans les chemins de fer et l'accroissement des capacités dans le transport aérien. La procédure d'EES, menée sous l'égide du ministère des Transports, permet de mesurer les incidences économiques et environnementales des différents modes de transport.

Lituanie

La Lituanie s'est concentrée sur l'élaboration de réglementations concernant les EIE. S'agissant de l'EES, les activités ont été relativement réduites ; une évaluation environnementale du Plan de développement de la ville de Jurmala a néanmoins été réalisée en 1998.

Pays-Bas

Deuxième plan structurel de transport (SPST)

Le SPST est un document émanant du gouvernement néerlandais et établi par le ministère du Logement, de l'aménagement du territoire et de l'environnement et par le ministère des Transports et des travaux publics. Le plan et l'EES qui lui est associée ont pur but d'organiser la mobilité de manière à réduire le plus possible la consommation d'énergie, l'emprise au sol des infrastructures et les incidences sur la qualité de l'air. Les résultats de l'EES conditionnent le contenu du SPST et influent donc directement sur le contenu et la portée de programme national pour les infrastructures de transport, ainsi que sur le cadre dans lequel s'inscrivent les décisions sur les infrastructures de transport, prises au niveau régional et municipal.

Norvège[24]

La Norvège a adopté en 1990 des dispositions législatives sur les EIE, dans le cadre de la Loi sur l'aménagement et la construction. Il n'existe pas encore de textes relatifs à l'EES, mais une directive gouvernementale stipule que les propositions de lois, les études officielles et d'autres documents officiels doivent être assortis d'une évaluation environnementale.

Le Plan norvégien relatif aux routes et au transport routier, publié en 1997, comprenait une EES pilote. Quatre stratégies inspiraient ce plan : mobilité, environnement, sécurité du transport et politique régionale. Les indicateurs clés retenus pour la stratégie en matière d'environnement étaient les suivants : réduction de l'exposition au bruit ; réduction de l'exposition à la pollution de l'air, en particulier au NO_x et aux PM_{10} ; réduction du nombre de km de routes principales au tracé difficilement conciliable avec le paysage et avec le milieu naturel et l'environnement culturel.

Pologne[25]

La Pologne prévoit la construction d'un réseau d'environ 2 600 km d'autoroutes, complété par un réseau de routes express. La Direction générale des routes a commandité en 1996, dans le cadre de la révision du programme de construction d'autoroutes, une EES de quatre scénarios de développement du réseau d'autoroutes et de routes express. Les scénarios envisagés étaient les suivants :

- option « ne rien faire » (avec environ 300 km d'autoroutes) avec le trafic de 1996 ;
- option « ne rien faire » avec le trafic prévu pour 2025 ;
- option « pouvoirs publics » (programme de réseau d'autoroutes de 1996) avec le trafic prévu pour 2025 ;
- nouvelle option pour le réseau d'autoroutes avec le trafic prévu pour 2025 – WK25.

Les scénarios multimodaux n'ont pas été envisagés à ce stade de l'étude.

L'administration des routes a considéré que l'EES constituait une mesure complémentaire pour améliorer le système de l'EIE, et en particulier comme un outil permettant de promouvoir le développement durable et certains avantages environnementaux du programme d'autoroutes. L'EES visait essentiellement à répondre à trois questions fondamentales :

- Quels sont les impacts sur l'environnement des solutions de rechange proposées (par l'équipe chargée de l'étude du réseau), et notamment de l'option « ne rien faire » avec l'hypothèse des flux de trafic prévus ?
- S'agissant des deux options « ne rien faire », les impacts sur l'environnement sont-ils en majorité positifs ou négatifs ?
- Tout bien considéré, le résultat d'ensemble est-il positif ou négatif ?

Une série d'indicateurs, présentés dans le tableau 7 ci-après, ont été utilisés pour cette analyse.

Tableau 7. **Choix d'indicateurs clés utilisés dans l'EES relative au réseau polonais d'autoroutes**

Question	Indicateur
1. Consommation foncière	• Diminution des superficies agricoles • Diminution du nombre d'exploitations • Diminution de l'emploi agricole
2. Qualité de l'air	• Émissions de monoxyde de carbone • Émissions d'oxydes d'azote • Émissions d'hydrocarbures • Émissions de dioxyde de carbone
3. Bruit	• Longueur des tronçons d'autoroute provoquant des nuisances • Zone de détérioration des conditions de bruit
4. Sécurité	• Nombre d'accidents (tués et blessés) • Coût des accidents
5. Zones protégées	• Portions du réseau au tracé non conciliable avec les zones protégées

L'étude a fait apparaître des lacunes considérables dans les données de référence, en particulier au niveau de l'attribution des effets résultant du morcellement.

L'étude et le processus décisionnel n'étaient pas directement liés. Dès lors, et compte tenu de l'insuffisance des données, on peut probablement considérer ce travail comme un préliminaire à une future EES au sens strict. Cette étude a néanmoins constitué une première en Pologne, puisqu'elle a inauguré le recours à l'EES.

Slovénie

Évaluation environnementale de la politique des transports[26]

Ce projet a permis d'évaluer l'impact sur l'environnement d'une politique des transports « au fil de l'eau » au moyen de modèles de trafic, de modèles d'incidence environnementale, établis notamment sur la base du SIG. Il a également permis de décrire le potentiel théorique d'un changement de cap politique salutaire pour l'environnement et d'en mesurer les effets sur la mobilité et l'environnement. Enfin, l'impact sur l'environnement d'une connexion de la Slovénie à l'Europe a été évalué dans les grandes lignes, de même que l'impact d'un tracé de TGV – fixé antérieurement – par rapport à celui d'autres tracés. Cette EES est particulièrement intéressante parce que la Slovénie dispose d'instruments d'EIE de qualité et que la nécessité d'un réexamen de sa politique des transports est aujourd'hui largement reconnue. L'EES, si elle procède à une analyse qui reste assez grossière, n'en aboutit pas moins à des conclusions tranchées qui peuvent servir de tremplin à l'indispensable débat public. L'élaboration de cette EES est due à une initiative de la Commission européenne (Programme PHARE).

Espagne

Effets cumulés des lignes de TGV et des liaisons autoroutières[27]

Le ministère espagnol des Transports a fait procéder à une évaluation stratégique des effets cumulés des plans d'infrastructure multimodale sur les zones protégées visées dans la directive « Habitats » (sites Natura 2000). L'étude élabore une méthode permettant d'évaluer, au niveau stratégique, l'impact des transports sur les zones protégées d'importance internationale sur le plan de la biodiversité. Elle s'attache, en particulier, à définir les mesures prescrites par l'article 6 de la directive.

Suède[28]

C'est vers le milieu des années 80 que l'Administration suédoise des routes a élaboré son évaluation stratégique de la planification et des impacts, coopérant avec l'Administration des chemins de fer en matière de méthodes de prévision, etc. Au début des années 90, l'Administration des routes a été chargée de développer un système de transport adapté du point de vue environnemental pour la partie suédoise de la région de l'Öresund.

L'une des conclusions tirées en Suède est que l'EES devrait se concentrer sur les plans et les politiques à long terme concernant le réseau et précisant, par exemple, le type d'infrastructure ou de mesure de gestion du transport proposés pour une région donnée. Cette conclusion est mise en œuvre puisqu'il existe en Suède un programme de plans décennaux d'investissements dans le domaine des infrastructures routières et ferroviaires nationales, révisé tous les quatre ans tant à l'échelle nationale qu'à l'échelle régionale.

Les plans actuels couvrent la période 1998-2007, mais en 1996, l'Agence suédoise pour la protection de l'environnement, le Conseil national du logement, de la construction et de l'aménagement, et le Conseil national du patrimoine étaient chargés par le gouvernement de proposer une méthode de réalisation d'une EES de ces plans d'infrastructure. Bien qu'intervenant assez tard dans le processus de préparation de ces plans, la méthode a été appliquée dans la mesure du possible. La plupart des plans régionaux notaient l'existence d'objectifs environnementaux, lesquels n'avaient toutefois pas d'influence sur le contenu de chaque plan. Cette expérience a fait apparaître qu'il est nécessaire :

- non seulement de disposer de méthodologies pour l'EES, mais aussi de remodeler le processus décisionnel en général pour y inclure l'EES ;
- de privilégier les objectifs environnementaux par rapport à d'autres objectifs ;
- de disposer de méthodes permettant de prévoir les effets sur l'environnement lorsque la localisation d'une nouvelle infrastructure n'est connue qu'en termes très généraux ;
- d'aider à la détermination des choix stratégiques, étant donné que les projets d'infrastructure à période de planification étendue tendent à influer sur la réflexion, et qu'il se pourrait que leur nécessité n'ait jamais été mise en question.

Le cycle de planification pour la période 2002-2011 a été depuis modifié et le processus commence par un examen de l'écart entre les tendances actuelles et les objectifs établis dans la politique nationale de transport, avec notamment une analyse des raisons de cet écart. Cet exercice peut ensuite déboucher sur une analyse stratégique des différentes solutions nécessaires pour atteindre les objectifs. Une EES sera maintenant également réalisée pour s'assurer que les stratégies sont conformes aux objectifs environnementaux définis dans la politique nationale de transport.

Par ailleurs, une étude pilote commanditée par l'UE a été consacrée au corridor de transport Göteborg-Jönköping. Elle s'inscrivait dans le cadre de l'élaboration des directives concernant l'évaluation environnementale du RTE. Huit solutions possibles ont été étudiées, couvrant une zone de 45 × 90 km et avec pour horizon l'an 2020. Les impacts ont été évalués en fonction de l'apport que ferait chacune des solutions à la réalisation des objectifs environnementaux, de la nécessité de mesures spécifiques d'atténuation des impacts, et des incompatibilités qui subsisteraient sur le plan de l'environnement.

Une évaluation intégrée des aspects économiques et sociaux, du transport et de l'environnement a été incluse dans les plans d'aménagement et d'utilisation des sols de la ville de Lund. L'évaluation a utilisé les buts et objectifs environnementaux aux niveaux national, régional et local.

Royaume-Uni

Cadre commun d'évaluation préalable de l'autoroute M4[29]

Le Cadre commun d'évaluation préalable (CAF) de l'autoroute M4, préparé pour le Welsh Office, a été, au Royaume-Uni, la première étude à examiner les questions interurbaines au moyen d'un cadre commun d'évaluation préalable réunissant, dans une approche intégrée, les considérations relatives au transport, à l'économie et à l'environnement. Bien qu'elle n'ait pas été conçue à dessein comme une EES, l'évaluation environnementale a examiné les conditions de référence présentes et futures par le biais d'une série d'indicateurs élaborés pour refléter les interactions entre les mesures proposées sur le plan du transport et les caractéristiques environnementales sensibles. L'examen a porté sur les effets cumulés, mais les mesures d'atténuation et d'amélioration, bien que recensées, ne faisaient pas partie de l'évaluation.

L'étude comportait l'évaluation de diverses mesures concernant le transport, comme la gestion du trafic, des scénarios de transport en commun, ainsi que de l'itinéraire de délestage M4. Cette autoroute de délestage traverserait plusieurs sites d'intérêt scientifique spécial au sud de Newport, et a été préconisée comme moyen de faire face à la congestion prévue sur la M4, qui passe le long de la périphérie nord de Newport. Cette étude était la première d'une nouvelle série d'études sur la planification du transport, qui ont ensuite pris, après leur lancement formel par le gouvernement, le nom d'Études multimodales.

La différence entre l'étude M4 et l'étude relative à la traversée des Peninnes, commanditée par l'UE, tient au fait qu'elle a été menée à une échelle sous-régionale plutôt que transrégionale, et qu'elle examine des mesures spécifiques au transport plutôt que des concepts généraux relatifs aux politiques. Néanmoins, le modèle du Cadre commun d'évaluation préalable de l'autoroute M4 envisage les mouvements sur une vaste zone, s'étendant de Swansea jusqu'à Bristol, à la tête des vallées galloises et à Gloucester. Les liaisons ferroviaires s'étendent le long du Great Western Railway en direction de Londres et aussi de Birmingham. A partir d'estimations des changements que devrait connaître le trafic routier ou ferroviaire pour induire un effet significatif sur l'environnement, on a retenu comme zone d'étude, sur laquelle était concentrée l'évaluation environnementale, un secteur géographique couvrant quatre grandes zones :

- nord de Newport ;
- le Corridor M4 ;
- Newport ;
- Magor, Gwent Levels et Castleton.

La modélisation des flux de transport à cette échelle régionale implique inévitablement une certaine réduction de la précision des modèles locaux pour les zones proches de l'autoroute M4 à proximité de Newport. De ce fait, le modèle de transport n'avait qu'une capacité limitée de fournir des ensembles de données pour la zone urbaine de Newport, et il a été nécessaire de déterminer des réseaux de communication spécifiques présentant un intérêt du point de vue environnemental, comme ceux traversant les secteurs à préserver.

Plusieurs considérations générales ont été prises en compte lors de l'élaboration des indicateurs pour l'étude M4. Il s'agissait notamment :

- de refléter les cinq objectifs globaux fixés par le gouvernement pour le secteur du transport, à savoir :
  - protéger et améliorer le cadre bâti et le milieu naturel ;
  - améliorer la sécurité de tous les voyageurs ;
  - contribuer à l'efficacité de l'économie, et soutenir une croissance économique durable dans des localisations appropriées ;

- promouvoir l'accessibilité de chacun aux installations d'usage quotidien, notamment pour ceux qui ne disposent pas d'une automobile ;

- promouvoir l'intégration de toutes les formes de transport et d'aménagement du territoire, conduisant à un réseau de transport meilleur et plus efficace ;

• de minimiser les comptages doubles ;

• d'utiliser les méthodes établies d'évaluation préalable des impacts pertinents ;

• de présenter une évaluation d'ensemble concise.

Il fallait, pour rendre possible une comparaison des évaluations entre les scénarios de transport et les différents modes, élaborer des indicateurs concernant les effets environnementaux plutôt que ceux reflétant la localisation des caractéristiques retenant l'intérêt. Les objectifs et indicateurs environnementaux retenus pour l'étude M4 sont présentés dans le tableau 8. Les résultats ont été ensuite repris dans un tableau de synthèse sur les aspects environnementaux pour permettre d'éliminer les indicateurs n'ayant aucune incidence sur le processus de choix des solutions.

On peut certainement considérer le cadre commun d'évaluation préalable (CAF) de l'autoroute M4 comme un travail précurseur en vue de l'intégration des considérations relatives au transport, à l'économie et à l'environnement dans l'évaluation de différents scénarios de transport. En particulier, la façon dont on a choisi et prévu les indicateurs des performances environnementales a permis de résoudre un problème difficile, celui d'obtenir des résultats chiffrés plutôt que des réponses qualitatives aux indicateurs stratégiques. La méthode a pris en compte les effets directs, indirects et cumulés de l'infrastructure de transport sur les zones écologiques sensibles de manière à rendre possible une quantification, tout en reconnaissant l'existence, dans les études stratégiques, d'un certain degré d'incertitude au niveau de la conception.

L'étude présentait, comme on l'a noté plus haut, un certain nombre de faiblesses rendues inévitables par le caractère novateur de l'exercice. Le calcul de la consommation totale d'énergie, par exemple, dépendait fortement de la consommation supposée du secteur ferroviaire, pour lequel les données sont très lacunaires. Dans d'autres situations, l'importance des unités utilisées pour la sortie de l'indicateur a été perçue comme critique pour l'évaluation de la performance ; on s'est demandé, par exemple, si la mesure devait être multipliée par voyageur-km ou tonne-km, ou plutôt par véhicule-km.

Le processus d'évaluation a consisté essentiellement en une étude sur documents, sans aucune consultation externe reflétant les préoccupations relatives au préjudice résultant de l'aménagement, étant donné que l'étude portait sur des scénarios plutôt que sur des options spécifiques susceptibles d'une mise en œuvre directe. Par conséquent, l'étude devait examiner de manière explicite les processus décisionnels dans lesquels seraient introduits les résultats ainsi que les attitudes actuelles de ses destinataires. Il fallait donc adopter ce que l'on pourrait considérer comme des solutions modales de puristes, comme l'amélioration des transports en commun, la construction de routes, la gestion du trafic, etc., pour faire apparaître la mesure dans laquelle les scénarios apporteraient une solution au problème du transport. Dès lors, le processus comporte inévitablement deux étapes, au cours desquelles la solution hybride préférée doit être examinée de façon plus approfondie une fois que les décideurs ont accepté le scénario d'ensemble. On voit ainsi que l'EES doit être réalisée en pleine connaissance non seulement de la position actuelle des décideurs et de leurs besoins en termes d'information, mais aussi de leur capacité d'absorber des informations environnementales qui risquent d'être complexes. La *National Assembly for Wales* examine actuellement le rapport du CAF.

Évaluation stratégique des transports

Le *Scottish Office* a commandité une EES pour évaluer l'efficacité de diverses stratégies « transport » (route et rail) par rapport aux objectifs assignés en matière d'environnement et de transports. Les objectifs étaient d'évaluer les changements environnementaux associés aux diverses stratégies envisagées dans le cadre du développement durable. Les résultats de l'EES ont servi de base à l'élaboration des propositions qui font actuellement l'objet d'une EIE.

Tableau 8. **Objectifs et indicateurs stratégiques du CAF de l'autoroute M4**

Problème	Objectif	Indicateur stratégique
ENVIRONNEMENT		
Bruit et vibration	Minimiser les niveaux de bruit du trafic à proximité des infrastructures de transport (EO1).	• Longueur du réseau principal de transport sur laquelle intervient un changement des niveaux de bruit.
Qualité de l'air	Minimiser les émissions totales de gaz à effet de serre dues aux transports (EO2).	• Changement dans les émissions de CO_2 dans la zone couverte par le modèle régional de transport.
	Minimiser toute augmentation de la charge d'acidification due aux transports (EO3).	• Changement dans les émissions de NO_x dans la zone couverte par le modèle régional de transport.
	Minimiser les émissions dues aux transports affectant la qualité de l'air locale (EO4).	• Changement en pourcentage des émissions totales de NO_x dans la ville de Newport.
Paysage/Paysage urbain	Minimiser les modifications préjudiciables aux paysages désignés ou historiques (EO5).	• Zone d'infrastructure de transport affectant des paysages désignés ou historiques.
Biodiversité/Conservation de la nature	Minimiser tout effet négatif sur l'intégrité de sites désignés d'importance nationale (EO6).	• Zone d'infrastructure de transport affectant des sites désignés. • Ampleur du risque direct ou pour les sites désignés.
	Minimiser les effets négatifs sur les sites de valeur irremplaçable désignés localement (EO7).	• Superficie des sites d'intérêt écologique local directement ou indirectement affectés.
Patrimoine culturel	Minimiser les effets négatifs sur l'intégrité des sites désignés au plan national comme faisant partie du patrimoine culturel (EO8).	• Nombre de monuments historiques classés ou de secteurs à préserver dont le cadre s'est modifié.
Ressources en eau	Minimiser toute augmentation de la vulnérabilité au risque d'inondation des activités liées à l'utilisation des sols (EO9).	• Superficie de plaine d'inondation occupée par de nouvelles infrastructures de transport.
ACCESSIBILITÉ		
Dislocation des communautés	Réduire la dislocation des communautés ou les conflits entre voyageurs motorisés et non motorisés (EO11).	• Longueur de l'infrastructure de transport où la dislocation est modifiée.
INTÉGRATION		
Utilisation des sols, plans et politiques	Minimiser la nécessité de démolition de biens ou d'occupation des sols (EO12).	• Potentiel de démolition ou de réimplantation d'un bien.
	Maximiser le soutien aux politiques de transport, d'aménagement du territoire, de viabilité écologique et de santé (EO13).	• Mesure dans laquelle les plans et les politiques sont favorisés ou entravés.
Utilisation des ressources	Minimiser la quantité d'énergie consommée par le réseau de transport (EO14).	• Changement dans la consommation d'énergie dans le réseau régional de transport.
Construction	Minimiser le risque de perturbation des caractéristiques sensibles par de grands travaux de construction (EO15).	• Superficie des grands travaux de construction dans un rayon de 100m de biens ou de sites désignés.

Note : L'infrastructure de transport inclut tous les ouvrages en rapport avec le transport ayant une présence physique perceptible et concerne les pistes cyclables, les itinéraires d'autobus, les infrastructures piétonnières et les mesures de gestion du trafic, aussi bien que les routes et les chemins de fer.

États-Unis[30]

Lorsque l'on procède à une évaluation stratégique de l'impact du secteur du transport sur l'environnement aux États-Unis, il faut avoir conscience de la manière dont sont financés et développés les systèmes de transport dans ce pays. Le gouvernement fédéral intervient très largement dans le financement de nombreuses améliorations du transport, mais il ne possède que peu d'autoroutes et virtuellement aucun des systèmes de transport en commun urbain ou des réseaux ferrés de transport de marchandises. Ce sont au premier chef les autorités des États ou les autorités locales qui possèdent les autoroutes. Le Congrès des États-Unis a organisé l'assistance fédérale aux transports de surface de façon à permettre aux autorités des États ou aux autorités locales de choisir la manière de dépenser les crédits fédéraux.

Dans le cadre de la décision relative à la manière de dépenser les crédits fédéraux, les autorités des États ou les autorités locales doivent avoir recours à un processus de planification systématique. Ce processus de planification doit envisager les facteurs environnementaux en général. Le gouvernement fédéral ne donne pas d'instructions sur la manière dont les facteurs environnementaux doivent être pris en compte. Certains processus de planification impliquent une EIE approfondie à un niveau stratégique, tandis que d'autres sont beaucoup moins structurés. La seule exception tient à la prise en compte de la qualité de l'air. Dans les zones où la qualité de l'air est inférieure à celle édictée dans les normes nationales, la législation fédérale exige du plan de transport qu'il démontre comment les normes de qualité de l'air seront respectées à l'avenir. Cela suppose une modélisation chiffrée des émissions atmosphériques des systèmes de transport. Si le plan relatif au transport ne peut apporter la preuve qu'il contribuera à atteindre des niveaux de qualité de l'air correspondant aux normes, les crédits fédéraux ne peuvent pas être utilisés pour des projets inscrits dans ce plan.

Aux États-Unis, l'évaluation stratégique de l'impact du secteur du transport sur l'environnement est le plus souvent réalisée conformément aux lois des États sur la politique d'environnement, comme on le verra dans les exemples brièvement décrits ci-après. Il faut en chercher la raison dans le fait que le gouvernement fédéral n'intervient pas, en règle générale, dans la prise de décisions stratégiques relatives aux choix d'investissements à long terme. Ces décisions appartiennent, aux termes de la loi fédérale, aux autorités des États et aux autorités locales. Dans les cas où une évaluation stratégique de l'impact sur l'environnement a été réalisée, l'analyse a été généralement plus qualitative que quantitative. On constate néanmoins que même l'évaluation qualitative aide les fonctionnaires à faire leur choix parmi les différentes options stratégiques, et qu'elle influe sur la nature des observations formulées par les citoyens.

Dans des cas tout à fait particuliers, les autorités fédérales conduiront des études stratégiques de l'impact sur l'environnement, lorsqu'elles seront nécessaires pour orienter une série de décisions fédérales connexes. Le corridor commercial I-69 constitue un exemple de ce type. Dans ce cas, le ministère américain des Transports a jugé utile de définir un cadre stratégique pour relier entre eux les nombreux dossiers d'impact sur l'environnement qui seront requis au niveau du projet pour réaliser les améliorations du transport dans l'ensemble du corridor.

Le Congrès des États-Unis a désigné le corridor I-69, qui va du Mexique au Canada, sur la base d'une étude de faisabilité, faisant d'une nouvelle autoroute inter-États située dans ce corridor la plus importante addition au réseau d'autoroutes inter-États depuis le tout début de la planification du réseau, vers la fin des années 50. Des EIE au niveau du projet ne répondraient pas de façon adéquate à la nécessité de prendre des décisions stratégiques concernant l'ensemble du corridor. Dans le contexte de ces décisions stratégiques, le ministère fédéral des transports, associé aux ministères des Transports des États concernés, procède à des études environnementales ayant pour but de déterminer l'objet et la nécessité des améliorations du transport, d'évaluer les différentes solutions possibles, et de fournir des estimations des impacts sur l'environnement sur l'ensemble du corridor. Ces études, en cours, évalueront notamment les impacts sur la qualité de l'air, le bruit, les terres agricoles, les sites historiques, les zones humides, l'habitat pour les espèces sauvages, les zones aménagées en parcs, et les collectivités. On envisage une large participation des citoyens, et cette consultation sera particulièrement délicate parce que les personnes concernées vivent dans des régions très différentes. L'étude implique également une coopération avec les agences pour l'environnement tant au niveau fédéral et qu'à celui des États.

© CEMT 2000

Dans l'État du Wisconsin, le ministère des Transports a réalisé une ESIE comme contribution à l'élaboration d'un plan de transport multimodal au niveau de l'État. Ce plan a évalué cinq options possibles d'investissements en vue d'améliorer le transport intermodal, urbain et rural, des voyageurs et des marchandises. Ces options comprenaient différents niveaux de financement pour les divers modes de transport interurbain de voyageurs et de marchandises, et de transport urbain. L'évaluation environnementale a porté sur la congestion du trafic, la consommation d'énergie, la qualité de l'air, l'utilisation des sols, les impacts sur les collectivités, les ressources en eau et les ressources en terres. La participation des citoyens a constitué un élément important de l'élaboration du plan de transport, et plus de 10 000 d'entre eux y ont contribué.

La *Seattle Metropolitan Planning Organisation* a réalisé une ESIE pour aider à choisir les types d'améliorations à apporter aux transports au niveau de la ville de Seattle au cours de la période 1996-2020. Un certain nombre d'options ont été évaluées au cours de l'étude, et notamment diverses combinaisons de construction d'autoroutes, de couloirs préférentiels pour les usagers pratiquant le covoiturage et pour les autobus, le métro et le métro léger, les autobus, les voies cyclables et les espaces piétonniers, et les mesures agissant sur la demande de transport. Pour chacune des options, on a évalué les impacts sur la base de mesures des performances du transport et d'indicateurs de la qualité de l'environnement, ces derniers étant notamment la qualité de l'air, le bruit, le passage du poisson et la qualité de l'eau. Une part considérable a été réservée à la participation des citoyens au processus décisionnel, et les participants au processus de planification ont estimé que le plan adopté présente le meilleur équilibre entre les avantages environnementaux et les avantages sur le plan du transport.

C. L'EES à la Commission européenne

C.1. *Aperçu*

La Commission reconnaît depuis de longues années la nécessité d'intégrer la composante environnementale dans le processus décisionnel et le rôle clé joué par l'EES à cet égard. La volonté de la Commission de développer un système et des procédures d'EES a été affirmée dans de nombreux documents d'orientation. La première référence à la nécessité d'intégrer, sous une forme ou sous une autre, la dimension environnementale dans le processus décisionnel de la Commission remonte aux années soixante-dix. Le cinquième programme d'action dans le domaine de l'environnement (1992), qui définit le calendrier d'application de l'EES pour 1995 et au-delà, dispose que :

« *Dans l'optique de la recherche d'un développement soutenable, il semble logique, sinon nécessaire, de soumettre toutes les politiques, tous les plans et tous les programmes entrant en ligne de compte à une évaluation de leurs conséquences sur l'environnement* ».

L'EES est une nécessité par ailleurs mise en exergue par une série de plans d'orientation, tels que le Livre blanc sur la croissance, la compétitivité et l'emploi, le rapport de la Communauté à la CNUED, l'examen quinquennal de la mise en œuvre de l'EIE et le Livre blanc sur une politique commune des transports. En ce qui concerne les références faites dans la législation communautaire aux principes de l'intégration environnementale et à l'EES, un certain nombre de sources d'importance cruciale doivent être prises en considération. La plus importante est le traité d'Amsterdam, qui met en particulier l'accent sur deux principes fondamentaux concernant le développement durable et l'intégration des aspects environnementaux, de manière à assurer que les questions d'environnement occupent une place centrale dans toute la législation européenne[31]. Ce changement de cap s'est traduit par le lancement d'un certain nombre d'initiatives par la Commission et par le Conseil des ministres. L'une d'elles est la communication de la Commission au Conseil européen de Cardiff de 1998 (« Partenariat d'intégration – une stratégie pour intégrer l'environnement dans les politiques de l'Union européenne »), qui indique que « toutes les propositions clefs ayant un effet supposé sur l'environnement doivent s'accompagner d'une évaluation détaillée des incidences sur l'environnement ».

La Commission a également proposé une directive sur l'EES dès le début des années 1990. On espère qu'une directive pourra être approuvée définitivement au début de l'an prochain (voir prochain paragraphe). D'autres dispositions importantes concernant l'EES se trouvent dans les règles qui régissent l'octroi de subventions aux investissements réalisés dans le cadre des fonds structurels. La protection de la nature et de la biodiversité a également amené la Commission à plaider en faveur d'une évaluation environnementale conduite à un niveau plus stratégique dans les instruments communautaires. Les initiatives les plus importantes sont la directive « Habitats » (1992) et la Stratégie communautaire en faveur de la diversité biologique (1998), qui fixe les objectifs en matière de biodiversité pour le secteur des transports. Enfin, plusieurs initiatives de recherche dans le domaine de l'EES ont été lancées au sein des différentes directions générales de la Commission (voir chapitre 4) et la DG XI promeut le recours à l'EES dans toutes les directions générales afin de répondre aux exigences du traité d'Amsterdam et aux conclusions du Conseil de Cardiff de 1998.

Avec la création du mécanisme d'établissement de rapports sur les transports et l'environnement (TERM), à la suite du Sommet de Cardiff en 1998, l'Union européenne a donné un élan à l'harmonisation internationale des données sur l'environnement et le transport. Ce mécanisme implique une coopération entre l'Agence européenne pour l'environnement (AEE) et la Commission (Directions générales chargées des transports et de l'environnement, et Eurostat) afin de suivre les progrès sur la voie de l'intégration des politiques des transports et de l'environnement au sein de l'UE. L'élément central du TERM est constitué par un ensemble de 31 indicateurs qui serviront de base aux rapports périodiques de l'AEE. Le processus du TERM s'étendra sur plusieurs années, et doit permettre une amélioration progressive des données sur les transports et l'environnement, des indicateurs et des méthodes d'évaluation.

L'AEE a récemment achevé un inventaire des objectifs des politiques européennes d'environnement et des valeurs de référence de la durabilité, dont les résultats ont été regroupés dans la base de données STAR. Cette base couvre les pays européens de la région de l'AEE, et peut être consultée sur Internet (*http://star.eea.eu.int/*). Pour répondre aux besoins du TERM, l'AEE a étendu le STAR par le biais d'une enquête approfondie sur les objectifs en rapport avec le secteur du transport. Cette enquête a montré que la définition des objectifs varie de manière significative d'un pays à l'autre, et cela pourrait constituer un problème pour la réalisation d'EES internationales.

C.2. *Projet de proposition de directive relative à l'évaluation des incidences sur l'environnement des plans et programmes*

En 1996, la Commission répondait aux appels lancés en faveur d'une EIE à portée plus large en présentant au Conseil un projet de proposition de directive relative à l'EES. Une proposition remaniée a été présentée en 1999. Par rapport aux versions antérieures, le projet de proposition a vu sa portée se restreindre, pour ne plus couvrir que les seuls plans et programmes (l'inclusion de dispositions visant à appliquer l'EES aux politiques s'est avérée inacceptable pour la plupart des pays).

Dans sa configuration actuelle, le projet de directive – qui s'inspire fortement de la directive 85/337 relative à l'EIE des projets – fixe un certain nombre de règles relatives[32] :

- à l'identification des organes qu'il conviendrait d'associer à la préparation et à l'examen de l'EES ;
- aux plans et programmes qui devraient faire l'objet d'une EES ;
- au contenu de l'EES ;
- aux procédures de consultation et à la participation du citoyen ;
- aux consultations en cas d'effets transfrontaliers ;
- à la prise en compte de l'EES et des résultats de la consultation dans le processus décisionnel.

Lors de l'atelier organisé en 1998 à Semmering (Autriche) par la Commission européenne, les experts des États membres ont reconnu que l'un des points forts de la directive proposée est qu'elle assure la prise en compte de la dimension environnementale au stade de la planification, ce qui renforce la qualité des plans et des programmes[33]. Un autre avantage dont il a été fait état par certains États Membres est que l'EES met à la disposition des décideurs un plus grand nombre d'informations.

Les experts qui ont participé à l'atelier et la littérature consacrée à cette question mettent en évidence les principaux points faibles du projet de proposition :

- le champ couvert par la proposition n'est pas défini de manière précise ; certains experts ont estimé que le champ couvert était trop étroit et que la proposition devrait couvrir tous les plans, programmes, politiques et propositions de l'Union européenne. Ils ont également jugé restrictif le lien étroit existant avec les plans et programmes relatifs à l'aménagement du territoire. D'autres experts ont estimé que le champ de la proposition était trop large par rapport au niveau local étant donné qu'il couvre tous les plans et programmes répondant à ses exigences au niveau local ;
- la grande disparité des procédures et processus de planification dans les États membres fait qu'un certain nombre d'entre eux doutent de la faisabilité d'une directive européenne ;
- il est difficile d'établir un lien entre les conclusions de l'EES et la prise de décision : dans le processus prise de décision stratégique, le moment exact auquel intervient la prise de décision est difficile à déterminer. Les procédures d'ESIE devraient être excessivement souples afin de prendre en compte l'extrême diversité des processus décisionnels et l'incertitude inhérente à certaines décisions ;
- l'ESIE requiert un savoir-faire que bon nombre d'instances nationales ne possèdent pas actuellement. Elle est le fruit du travail accompli par des équipes multidisciplinaires de spécialistes de haut niveau et implique un développement encore considérable des techniques d'évaluation environnementale ;
- des zones d'ombre subsistent en ce qui concerne les modalités de consultation et de participation du citoyen. Les problèmes sont notamment les suivants : 1) l'identification des agences et des acteurs à consulter et 2) l'identification du « public concerné ». Il s'y ajoute que les exigences de confidentialité sont souvent plus strictes au niveau des plans et programmes qu'à celui des projets. La participation du citoyen requerrait dès lors la mise au point de techniques adaptées.

C.3. L'EES *dans les Fonds structurels*

Les Fonds structurels et le Fonds de cohésion, qui sont les principaux instruments de la politique de cohésion de la Communauté, contribuent au développement des infrastructures de transport, notamment dans les vastes régions périphériques de l'Union (Portugal, Grèce, Espagne, Irlande, Italie et certaines parties de l'Allemagne). Bien que la mise en œuvre des politiques environnementales et de cohésion incombe en premier ressort aux États Membres, cela fait plusieurs années que la Commission est saisie de plaintes pour infraction à la législation environnementale lors de la mise en œuvre de projets financés dans le cadre des Fonds de la Communauté. Les nouveaux règlements sur les Fonds structurels, adoptés en 1993 et modifiés en 1999, ont jeté les bases d'une prise en compte de la dimension environnementale dans le processus de programmation des Fonds et ont permis d'établir des programmes mieux structurés et assortis d'objectifs et de cibles environnementales.

Les Fonds à finalité structurelle représentent environ un tiers du budget total de l'Union européenne et le prochain cycle couvre la période 2000-2006. Les objectifs assignés aux Fonds structurels par le traité de Maastricht sont les suivants :

- contribuer à la cohésion économique et sociale en Europe ;
- réduire l'écart entre les diverses régions de l'Union ;
- réduire le handicap des régions en retard de développement ;
- promouvoir une croissance durable, non inflationniste et respectueuse de l'environnement.

Les grandes étapes du processus décisionnel des Fonds à finalité structurelle sont les suivantes :

- définition des objectifs généraux ;
- planification du développement : les États membres éligibles présentent un plan de développement régional (PDR) décrivant la finalité des mesures. Ce plan constitue la base des négociations avec la Commission européenne, négociations qui doivent déboucher sur l'adoption d'un protocole ou plan de développement dénommé cadre communautaire d'appui (CCA) ;

- mise en œuvre de projets ou d'opérations ponctuels : l'État membre soumet des programmes opérationnels (PO) détaillés, qui reçoivent l'aval de la Commission ;
- le suivi et l'évaluation (*ex ante* et *ex post*) des incidences des investissements génèrent des informations en retour et permettent d'apprécier l'efficacité relative des plans et projets à chaque niveau du processus décisionnel.

L'article 41 de la proposition de règlement du Conseil portant dispositions générales sur les fonds structurels fixe comme suit les exigences en matière d'évaluation *ex ante* pour la période 2000-2006 :

« L'évaluation ex ante sert de base à la préparation des plans... L'évaluation ex ante relève de la responsabilité des autorités compétentes pour la préparation des plans...

Le règlement spécifie qu'une telle évaluation doit inclure une *évaluation ex ante de la situation environnementale de la région concernée... ; les dispositions visant à intégrer la dimension environnementale dans l'intervention... ; les dispositions visant à assurer le respect de la réglementation communautaire en matière d'environnement. L'évaluation ex ante présente une description, quantifiée dans la mesure du possible, de la situation environnementale actuelle et une estimation de l'impact attendu de la stratégie et des interventions sur la situation environnementale.*[34] »

Les PECO ont été incités à adopter les EES par le biais du processus d'adhésion à l'UE, et en particulier dans le cadre des activités de pré-adhésion en rapport avec les Fonds structurels de l'UE. Le règlement-cadre n° 1260/1999, qui contient les dispositions générales relatives à l'utilisation des Fonds structurels pour la période 2000-2006, régit la préparation des Plans de développement régional (PDR) dans les pays participant au programme PHARE. L'Article 41 du règlement exige des pays candidats qu'ils fournissent, en même temps que leur PDR, *une évaluation ex ante* qui analyse leurs impacts probables sur l'environnement. Les exigences générales concernant cette évaluation contenues dans l'Article 41 du règlement sont précisées dans d'autres textes :

- Le Vademecum « Plans and Programming Documents for Structural Funds 2000-2006 » (DG XVI, 1999) qui exige des pays que les résultats de l'évaluation environnementale soient pleinement intégrés au PDR (voir figure 3). En 1998, la Commission a publié un guide d'évaluation environnementale des plans de développement régional et des programmes des fonds structurels de l'Union européenne destiné aux autorités des États membres compétentes en ce qui concerne la planification et la mise en œuvre des plans et programmes des fonds structurels. Le document souligne le fait que l'EES constitue un processus et plaide en faveur d'une approche pleinement intégrée, liant chaque stade de l'EES aux procédures complexes de la programmation des fonds structurels, telles que les définit la législation ;
- le projet de règlement de l'UE relatif aux opérations du programme PHARE II prévoit, dans sa section 4.2.1, que les PDR comporteront également une évaluation de la situation sur le plan de l'environnement, et *qu'ils introduiront progressivement l'évaluation de l'impact environnemental des Fonds structurels*.

Lors de la précédente programmation (1994-1999), l'application des dispositions relatives à l'EES a fortement varié d'un pays à l'autre, rares ayant été ceux à fournir des évaluations exhaustives. Certains pays ou régions ont omis de fournir les informations les plus élémentaires demandées par la Commission, ce qui s'explique surtout par le fait que ces pays ne disposaient pas des compétences méthodologiques nécessaires à la réalisation d'EES, par le manque de formation des administrateurs et l'implication insuffisante des autorités compétentes en matière d'environnement. Le guide vise à combler quelques-unes de ces lacunes.

C.4. *Communication interne concernant les procédures communautaires*

La Commission s'est efforcée de développer des procédures d'évaluation internes appropriées dans le cadre du processus d'intégration de la dimension environnementale, requis par le traité et le 5e programme d'action. En juin 1993, la Commission a adopté une communication interne reconnaissant la nécessité d'une évaluation environnementale plus efficace qui, conduite au niveau politique, constitue un

L'évaluation environnementale stratégique

Figure 3. **Les PDR et le processus d'EES**

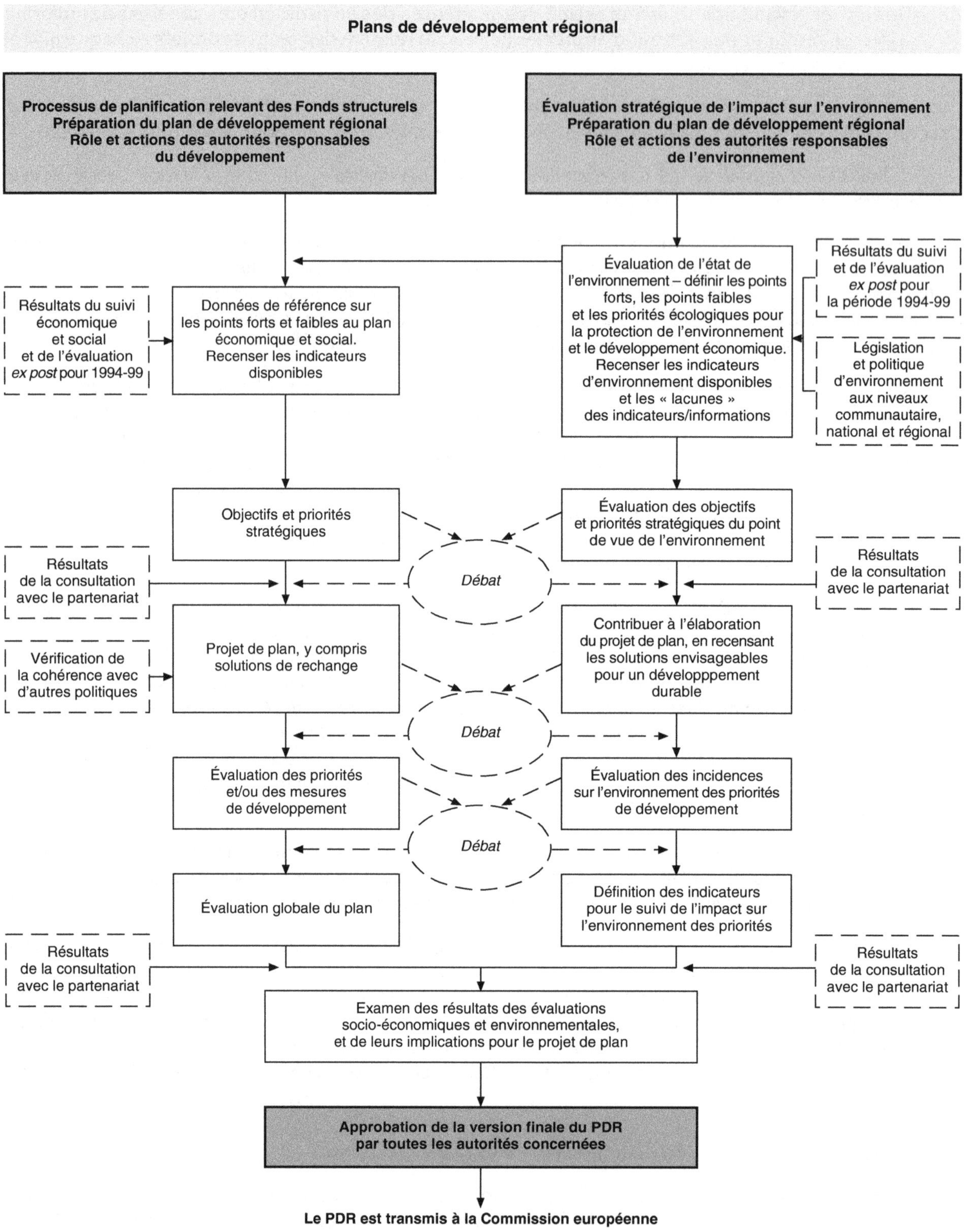

Plans de développement régional

Processus de planification relevant des Fonds structurels Préparation du plan de développement régional Rôle et actions des autorités responsables du développement	Évaluation stratégique de l'impact sur l'environnement Préparation du plan de développement régional Rôle et actions des autorités responsables de l'environnement

Évaluation de l'état de l'environnement – définir les points forts, les points faibles et les priorités écologiques pour la protection de l'environnement et le développement économique. Recenser les indicateurs d'environnement disponibles et les « lacunes » des indicateurs/informations

- Résultats du suivi et de l'évaluation *ex post* pour la période 1994-99
- Législation et politique d'environnement aux niveaux communautaire, national et régional

- Résultats du suivi économique et social et de l'évaluation *ex post* pour 1994-99

Données de référence sur les points forts et faibles au plan économique et social. Recenser les indicateurs disponibles

Objectifs et priorités stratégiques

Évaluation des objectifs et priorités stratégiques du point de vue de l'environnement

- Résultats de la consultation avec le partenariat (gauche et droite)

Débat

- Vérification de la cohérence avec d'autres politiques

Projet de plan, y compris solutions de rechange

Contribuer à l'élaboration du projet de plan, en recensant les solutions envisageables pour un dévelopmement durable

Débat

Évaluation des priorités et/ou des mesures de développement

Évaluation des incidences sur l'environnement des priorités de développement

Débat

Évaluation globale du plan

Définition des indicateurs pour le suivi de l'impact sur l'environnement des priorités

- Résultats de la consultation avec le partenariat (gauche et droite)

Examen des résultats des évaluations socio-économiques et environnementales, et de leurs implications pour le projet de plan

Approbation de la version finale du PDR par toutes les autorités concernées

Le PDR est transmis à la Commission européenne

Source : *Plans and Programming Documents for Structural Funds 2000-2006,* Commission européenne, DG XVI, 1999.

instrument d'intégration environnementale important. La communication comportait, notamment, les dispositions suivantes :

- toutes les actions engagées par la Communauté devront désormais faire l'objet d'une étude préalable et d'une évaluation environnementale dès lors qu'elles risquent d'avoir une incidence importante sur l'environnement ;
- les nouvelles propositions législatives susceptibles d'avoir une incidence importante sur l'environnement doivent être accompagnées d'une fiche d'incidence sur l'environnement.

Cette procédure a rarement été mise en œuvre, à nouveau à cause de la méconnaissance des méthodologies de l'EES et de la formation insuffisante du personnel de la Commission. Le traité d'Amsterdam s'est toutefois traduit par un appui politique renforcé au concept d'intégration, et a déclenché une nouvelle initiative en faveur de l'EES au sein de tous les services de la Commission (voir encadré 3).

Encadré 3. Politique et législation communautaires – vers de nouvelles procédures internes en matière d'EES

La Commission européenne élabore des mécanismes et instruments destinés à faciliter le processus d'intégration de la dimension environnementale dans les politiques et propositions législatives présentées dans les principaux domaines de son action politique. Dans le cadre de cette initiative, la DG XI élabore un guide présentant un ensemble d'instruments et de méthodes qui peuvent être utilisés pour procéder à une EES durant la préparation et avant l'adoption des propositions d'action de la Commission. Compte tenu du large éventail de politiques pour lesquelles la Commission est compétente, la description de ces instruments est forcément générale et il est recommandé que chaque DG l'adapte à son contexte spécifique. Une première proposition, qui n'a toutefois pas encore été officiellement adoptée au sein de la Commission, repose sur les éléments clés suivants :

– Comment appliquer l'EES à l'élaboration des politiques ?
– Présélection : la proposition offre-t-elle des possibilités d'intégration de la dimension environnementale (liste de contrôle) ?
– Balayage : quelles questions faut-il prendre en compte ?
– Évaluation de l'impact et documentation : quelles sont les possibilités d'amélioration de l'environnement offertes par la proposition de politique et quelles en sont les impacts sur l'environnement ?
– Suivi.

Ce guide peut être appliqué à tous les documents d'orientation préparés et adoptés par la Commission (propositions législatives, communications, livres blancs, livres verts, accords, etc.).

Le guide indique la façon dont les étapes clés de l'EES (présélection, balayage, évaluation, documentation et suivi) peuvent être intégrées aux stades clés du processus d'élaboration des politiques au sein d'une DG (préparation du programme de travail, projet de principe politique, projet de proposition politique, consultation inter-services, adoption, mise en œuvre et suivi).

Source : Commission européenne (1999). Draft Tools Guide for applying the Strategic Environmental Assessment (SEA) process to policy making within the Commission. Document de travail à approuver par les services de la Commission.

D. EES des réseaux de transport transeuropéens

D.1. *Les réseaux de transport transeuropéens*

En vertu du Titre XII du traité sur l'Union européenne, les réseaux de transport transeuropéens (RTE) doivent contribuer à la réalisation des objectifs que constituent l'achèvement du marché unique et le renforcement de la cohésion économique et sociale, notamment en ce qui concerne les régions périphériques. Aussi l'établissement de réseaux de transport intégrés de qualité dans l'ensemble de l'Union et au-delà de ses frontières est-il considéré comme une tâche prioritaire.

La Commission européenne joue un rôle clé dans la définition stratégique des réseaux transeuropéens. Pour élaborer ce réseau multimodal, la Commission a, en collaboration étroite avec les États membres, adopté des schémas directeurs modifiant ou étendant les réseaux interrégionaux. Des documents distincts, consacrés aux différents réseaux, à savoir le réseau routier, le réseau ferroviaire (conventionnel et à grande vitesse), le réseau de transport combiné, les voies navigables et les ports maritimes et le réseau aéroportuaire, ont été publiés de 1990 à 1994. Le schéma directeur du réseau ferroviaire a fait l'objet d'une EES en 1992 (voir ci-après).

En 1994, la Commission présenta au Parlement européen et au Conseil une proposition de décision sur les orientations communautaires pour le développement d'un RTE multimodal[35]. Ces orientations constituaient une première tentative en vue de lancer un processus d'intégration de toutes les orientations spécifiques à chaque mode de transport dans un schéma unique, reflétant les vues de l'Union sur la configuration du réseau multimodal de transport transeuropéen à l'horizon 2010. Elles couvrent les plans de réseaux des différents modes, les objectifs et les lignes de force des mesures à adopter dans le cadre du processus de développement et identifient les projets d'intérêt commun. Depuis cette première publication, le Parlement européen et le Conseil des ministres ont modifié par deux fois les orientations dans le cadre de la procédure de codécision. Elles ont finalement été adoptées en 1996 (décision 1692/96/CE).

D.2. L'EES *des* RTE : *contexte politique*

Pour améliorer le bilan écologique du secteur des transports, la Commission entend intégrer l'EES à la prise de décision politique concernant les infrastructures de transport, et plus particulièrement celle concernant les RTE. Cette volonté a été proclamée en termes très généraux dans plusieurs documents de la Commission et du Conseil (voir encadré 4).

Avec l'approbation concernant le RTE en 1996, la Commission a finalement décidé de couvrir l'EES – et dans la foulée l'évaluation socio-économique – dans le cadre du futur développement du réseau. L'Article 8 des orientations aborde les problèmes de la protection de l'environnement et dispose que la Commission développera des méthodes appropriées d'analyse en vue d'une évaluation stratégique de l'impact sur l'environnement de l'ensemble du réseau et des différents corridors. Un programme de travail conjoint, associant la DG VII, la DG XI, Eurostat et l'Agence européenne pour l'environnement, a été mis sur pied en réponse à cette exigence. Ce programme avait notamment pour but de :

- Rédiger un manuel de méthodologie de l'EES pour le secteur des transports

  Achevé début 1999 par des consultants travaillant pour le compte de la DG VII, ce manuel sert de fil conducteur à l'action des pouvoirs publics et des praticiens impliqués dans l'EES des plans et programmes de transport et décrit : *a)* les principes de l'EES des transports, *b)* les principales étapes de l'EES et *c)* les fondements de l'évaluation des impacts planétaires, régionaux et locaux. Les méthodes et suggestions concrètes sont fondées sur la bonne pratique et la recherche internationales[36].

- Réaliser une EES pilote en trois étapes des RTE

  Étape n° 1 : promouvoir la réalisation d'études de faisabilité en vue de l'évaluation spatiale et écologique des réseaux routiers et ferroviaires des RTE. La Commission a ainsi organisé un atelier technique en avril 1997, chargé d'explorer la faisabilité et les bonnes pratiques existantes en matière d'évaluation stratégique des incidences spatiales et écologiques des initiatives de transport. Les résultats de cet atelier ont contribué à l'évaluation des impacts physiques de l'infrastructure, sur la base notamment de l'évaluation de l'utilisation des sols, de la perturbation et du morcellement des zones naturelles (par exemple). Publiée en 1998, l'évaluation formule également des recommandations précises concernant les éléments à respecter pour réaliser une évaluation complète (voir ci-après).

  Étape n° 2 : appuyer la création d'un consortium de recherche en vue de l'évaluation de l'impact direct et indirect des RTE sur l'environnement. La DG VII a constitué un consortium de projets dans le cadre du quatrième programme cadre de recherche. Ces projets visent à élaborer et à éprouver les méthodes et instruments de prévision des effets des RTE en termes d'impacts induits par le trafic, tels que les émissions de gaz à effet de serre, les gaz et polluants acidifiants, la consommation énergétique, la sécurité et, si possible également, le bruit. Cet objectif repose sur l'utilisation de modèles prévisionnels du trafic et de l'environnement couvrant l'ensemble de l'UE.

> **Encadré 4. Déclarations de la Commission et du Conseil concernant leur politique générale en matière d'EES des transports**
>
> **Livres vert et blanc de la Commission concernant les transports et l'environnement (1992)**
>
> Publié à la suite de l'engagement souscrit par la Commission en faveur du développement durable lors du sommet de Dublin de 1990, le livre vert relatif à « l'impact des transports sur l'environnement » a pour objectif de « lancer un débat public sur le conflit entre les transports et l'environnement et la stratégie proposée pour assurer une mobilité durable ». Il recommande également une meilleure prise en compte des coûts, externes notamment, afin de rétablir un équilibre entre les différents modes de transport. Ce livre vert a été suivi d'un livre blanc concernant « **le développement futur de la politique commune des transports – approche globale pour la détermination d'un cadre communautaire garant d'une mobilité durable** ». Le livre blanc souligne que l'évaluation environnementale stratégique fera partie intégrante du processus décisionnel en ce qui concerne les PPP des infrastructures de transport et les décisions d'investissement concernant les projets individuels. Afin d'harmoniser le processus de prise de décision dans le domaine des infrastructures des transports, la Communauté devrait recommander que l'analyse coût–avantages, et notamment les externalités, repose sur une méthodologie type, même lorsque l'infrastructure en question ne fait pas partie d'un réseau transeuropéen*.
>
> **Programme d'action de la Commission 1998-2004 « Mobilité durable : perspectives pour l'avenir »**
>
> Ce programme d'action définit les grandes priorités de la politique commune des transports jusqu'en l'an 2004 et énumère, parmi les initiatives à prendre, un certain nombre de priorités dans le domaine de l'environnement et des transports :
> - renforcement de l'évaluation environnementale des initiatives politiques ayant des effets importants sur l'environnement ;
> - octroi d'un appui actif au Conseil des ministres en vue d'élaborer une stratégie visant à renforcer l'intégration de la dimension environnementale dans les systèmes de transport.
>
> **Rapport du Conseil européen des ministres des Transports (1998)**
>
> Le Conseil reconnaît la nécessité d'évaluer les initiatives existantes et futures prises dans le domaine de la politique des transports afin d'assurer que les exigences environnementales soient intégrées au secteur, comme l'impose le traité d'Amsterdam. Il appelle de ses vœux une politique des transports intégrés couvrant l'ensemble des modes de transport et fondée sur des objectifs environnementaux à moyen et long termes. Enfin, il reconnaît la nécessité d'appliquer le principe d'intégration aux transports et à l'élargissement dès les premières étapes.
>
> **Communication concernant la politique de cohésion et l'environnement (1995)**
>
> « Pour minimiser les dommages causés à l'environnement par l'accroissement prévisible du trafic routier, il faut s'attaquer au problème de l'équilibre entre les différents modes de transport. Les investissements dans l'infrastructure ferroviaire et les transports publics sont l'une des clefs du problème. De plus, un examen approprié des diverses options possibles et des mesures d'atténuation adéquates doit être incorporé aux évaluations des corridors de transport et/ou aux projets de transports isolés. »
>
> ---
> * Commission des Communautés européennes (1992a) Le développement futur de la politique des transports – approche globale pour la détermination d'un cadre communautaire garant d'une mobilité durable, COM (92)494 final, Bruxelles.

Étape n° 3 : procéder à une évaluation comparative des incidences prévisibles des RTE. Les résultats des deux étapes précédentes seront en principe agrégés afin de réaliser une évaluation comparative des incidences prévisibles à la lumière des objectifs et cibles environnementaux de la Communauté. Cette dernière étape n'a pas encore été achevée, en partie en raison des difficultés à intégrer les deux premières étapes.

- Promouvoir la réalisation d'évaluations pilotes de corridors par les différents États membres

  La Commission a apporté un concours financier à cinq États membres (Autriche, France, Italie, Suède et Royaume-Uni) en vue d'élaborer et d'éprouver des méthodes d'EES des corridors de transport comprenant, dans la mesure du possible, des solutions multimodales.

D.3. *Études pilotes*

Cinq études pilotes ont été réalisées sur les corridors suivants :
- Corridor Göteborg – Jönköping (Suède)
- Traversée des Pennines (Royaume-Uni)
- Section autrichienne du corridor du Danube (Autriche)
- Corridor routier Ravenne – Venise (Italie)
- Corridor Nord Paris – Bruxelles (France/Belgique).

La Commission européenne et les États membres intéressés sont convenus que ces études pilotes devaient :

  a) optimiser les méthodes et techniques existantes et faire la preuve de leur faisabilité ;

  b) sensibiliser les acteurs clés du processus décisionnel en intensifiant les échanges d'informations et la communication entre eux ; et

  c) mieux faire comprendre comment intégrer l'EES dans le processus de planification des RTE.

Les cinq études, qui devaient être terminées à la fin de 1999, font largement recours aux systèmes d'informations géographiques quoique les modèles adoptés et les méthodes suivies diffèrent fortement d'un corridor à l'autre. L'étude britannique a ainsi donné une dimension résolument spatiale aux plans en envisageant des options autres qu'infrastructurelles tandis que l'étude française a choisi d'établir un lien entre les différentes infrastructures envisagées et la sensibilité des zones traversées.

Les études ont également contribué à mettre en lumière certaines difficultés capitales auxquelles il faudra rapidement prêter attention. On en citera trois ci-après :

- Le système de planification du transport n'est pas toujours structuré de manière claire et hiérarchisée. Il est dès lors difficile de déterminer avec précision à quel stade (et souvent *stades*) l'EES doit intervenir. Ainsi, il arrive fréquemment que le concept de corridor de transport ne coïncide pas avec un plan ou une décision relative à un « corridor ». Il peut n'y avoir aucune étape distincte, sur les plans institutionnel et de la planification, entre un plan national ou régional et un projet individuel. Cela rend par conséquent difficile l'application d'une EES et, plus important encore, peut réduire son incidence effective sur les décisions finales.
- Les obstacles pratiques, institutionnels et culturels à la participation du citoyen au cours des EES.
- La question de la disponibilité de données adéquates, fiables et comparables dans des conditions transfrontières peut constituer un obstacle sérieux. L'AEE et la Commission européenne doivent approfondir leurs travaux dans ce domaine.

Les études sur les RTE ont en outre fait apparaître que malgré l'existence d'études pilotes et d'applications pratiques des EES dans divers secteurs, il demeure difficile de trouver des exemples d'EES qui auraient exercé une influence évidente sur la décision finale. Le développement effectif du recours à l'EES est fortement limité par le fait que l'on dispose de peu d'informations sur des cas concrets. Pour mieux comprendre l'application de l'EES, en termes de procédures et en termes concrets, il conviendrait donc d'améliorer en priorité la documentation et les échanges d'information.

Le programme et ses résultats attestent de l'effort significatif consenti par la Commission et les autres parties intéressées afin de progresser sur la voie d'une EES des RTE. En revanche, on ne sait toujours pas s'il sera procédé à une évaluation complète et de quelle manière les résultats seront pris en compte lors du futur réexamen des orientations concernant les RTE. Une réponse devrait en principe être apportée à cette question dans le « livre blanc sur les RTE » que doit publier prochainement la DG VII (prévu pour fin 1999).

Les paragraphes ci-après examinent de manière plus détaillée :

- l'EES du réseau de trains à grande vitesse (réalisée avant l'adoption, en 1996, des orientations sur les RTE et avant le lancement du programme de travail conjoint) (point D4) ;
- l'EES de l'ensemble des réseaux, et en particulier les incidences spatiales et écologiques (point D5).

Enfin, la Commission a également joué un rôle important dans la promotion des actions de recherche consacrées à l'EES et aux questions connexes. Le chapitre 4 donne un aperçu de ces initiatives.

D.4. L'EES *du réseau de trains à grande vitesse* (1992)

Le premier schéma directeur pour un réseau de trains à grande vitesse a été publié par la Commission en décembre 1990[37]. Établi à l'horizon 2010, ce schéma couvre les 12 États membres (de l'époque) plus l'Autriche et la Suisse. Au total, le réseau se compose de ± 9 800 km de lignes nouvelles et de ± 14 400 km de lignes existantes modernisées. La résolution du conseil du 17 décembre 1990 avait invité la Commission et les représentants des États membres, des compagnies de chemin de fer et de l'industrie ferroviaire, à examiner plus en détail :

- les incidences socio-économiques du réseau sur le marché intégré des transports et de développement de la Communauté ;
- l'incidence du réseau sur l'environnement au sens le plus large du terme et sa performance dans ce domaine par rapport aux autres modes de transport ;
- les études économiques et, notamment les aspects commerciaux des principales liaisons et autres points clés du réseau, ainsi que le problème de leur financement.

A la suite de cette résolution, la direction générale VII (Transports) fit procéder à plusieurs études de réseau.

Réalisée en 1992[38], l'EES du réseau fut la première évaluation « multimodale » effectuée au niveau européen. Cette étude fit l'objet d'un suivi minutieux, confié à un groupe de pilotage composé de représentants de la DG VII (Transports) et de la DG XI (Environnement). Au fur et à mesure de l'avancement de l'étude, des conférences furent organisées à l'intention du groupe de haut niveau pour le développement d'un réseau européen de trains à grande vitesse. Créé à l'initiative de la Commission pour aider à établir le schéma directeur et à identifier les projets prioritaires, ce groupe de haut niveau se compose de représentants des administrations nationales des États membres, de la Communauté des chemins de fer, des principaux fabricants de matériel ferroviaire, d'Eurotunnel et de la Table ronde des industriels.

L'EES avait pour but d'effectuer une évaluation comparative des effets sur l'environnement du réseau TGV et des autres modes de transport de voyageurs à longue distance (rail conventionnel, autoroute et avion). L'évaluation de l'impact du réseau TGV est effectuée en comparant des scénarios « avec » et « sans » réseau TGV. Les incidences suivantes ont fait l'objet d'une évaluation :

- impact sur l'espace : consommation foncière, effets de coupure, impact sur les paysages et sites, effets sur l'organisation spatiale des activités et sur l'environnement urbain ;
- congestion ;
- consommation d'énergie primaire ;
- rejets de CO_2 ;
- pollution atmosphérique : rejets de CO, NO_x, SO_2, COV et particules ;
- pollution sonore ;
- sécurité du trafic.

L'importance des impacts a été mesurée par rapport aux objectifs et cibles du 5e PAE.

Conclusions

Hormis le fait qu'elle a confirmé le meilleur bilan environnemental du TGV dans la plupart des domaines, l'EES n'a pas eu d'influence déterminante sur le processus décisionnel concernant le réseau TGV. Si le schéma initial a été modifié depuis 1990, il est difficile de dire dans quelle mesure des préoccupations environnementales ont inspiré ces modifications. L'une des principales difficultés rencontrées lorsqu'il s'agit d'évaluer le rôle joué par l'EES dans le processus décisionnel est l'absence, tout au long de celui-ci, d'une quelconque analyse des arbitrages qui peuvent être effectués entre les incidences environnementales, les effets socio-économiques et leurs conséquences sur les investissements.

Le principal mérite de l'EES du réseau TGV est d'avoir montré que l'EES peut être appliquée efficacement à un stade très précoce du processus décisionnel. Qui plus est, les méthodes et outils existants peuvent être appliqués avec succès à l'EES des RTE, étant entendu que des efforts doivent être déployés pour développer les bases de données nécessaires. Cela étant, il faut, pour optimiser la future EES des RTE multimodaux, mieux comprendre les principales composantes du processus même de l'EES. Les grands problèmes de méthodologie et de procédure à résoudre sont énumérés dans l'encadré 5.

D.5. EES *des réseaux transeuropéens – Analyse de l'impact géographique et écologique*

L'étude « *Évaluation spatiale et écologique des RTE : démonstration d'indicateurs et de méthodes SIG* », réalisée par le groupe de travail pour l'EES des réseaux transeuropéens (composé de représentants des DG XI et VII, d'Eurostat et de l'Agence européenne pour l'environnement), définit et teste plusieurs indicateurs, traite de la disponibilité des données, précise les questions sur lesquelles les recherches doivent encore se poursuivre et examine les méthodes d'évaluation quantitative qui font appel au système d'informations géographiques (SIG).

L'étude est avant tout une analyse de sensibilité attentive aux caractéristiques environnementales du pays qui repose sur les avis d'experts et le savoir d'hommes de science. Elle définit des catégories d'indicateurs, évalue les impacts et établit des ordres de priorité.

Elle visait à déterminer la contribution que les RTE et leurs solutions de remplacement peuvent apporter à la réalisation de certains objectifs environnementaux. Il importait donc de dresser un inventaire complet de ces objectifs pour pouvoir définir des indicateurs appropriés et évaluer les impacts prévisibles. Le tableau 9 dresse cet inventaire, définit les thèmes, fixe les objectifs environnementaux finaux et immédiats et propose une liste d'indicateurs possibles entre lesquels le choix s'est opéré sur la base de l'adéquation aux objectifs communautaires, de l'applicabilité à l'échelle de l'UE et de la faisabilité en fonction des données disponibles.

Les impacts ont été répartis en trois catégories :

- Impact écologique direct, c'est-à-dire l'impact de l'infrastructure sur les écosystèmes, les habitats, les espèces et la biodiversité.
- Impact fonctionnel, concrétisé par exemple par la division et la fragilisation de la viabilité de certaines parcelles.
- Impact à dimension spatiale, tel par exemple que l'impact du bruit dont le nombre de personnes vivant à proximité de l'infrastructure ou l'étendue de zones de sensibilité au bruit peut donner une idée chiffrée.

L'étude a buté sur un certain nombre de difficultés et identifié les questions sur lesquelles les recherches doivent encore se poursuivre. Elle souligne, dans ses conclusions, que le manque de données, leur inconsistance et les estimations utilisées pour remédier à ces insuffisances, portent préjudice à l'utilité, en l'occurrence à la mesurabilité et à la validité, des indicateurs retenus. Elle a toutefois l'important avantage d'avoir :

- démontré la faisabilité technique, mais aussi les limitations, d'une EES européenne des RTE ;
- dressé un inventaire exhaustif des bases de données qui, dans tous les pays de l'UE, contiennent des informations relatives aux RTE et à plusieurs questions d'environnement et confirmé l'utilité d'une collecte de données multidisciplinaires à l'échelle européenne ;

Encadré 5. Étude du chemin de fer à grande vitesse : Problèmes de la future EES des réseaux transeuropéens et propositions de solution

Problèmes	Propositions de solution
Degré d'abstraction : le schéma directeur de 1990 restait marqué par un degré élevé d'abstraction. Il était en effet difficile de quantifier les aspects locaux (nuisances sonores, impact visuel et impact sur la nature) parce que le tracé exact de certaines nouvelles relations n'était pas encore connu et que le choix n'avait pas encore été opéré entre construction de lignes nouvelles et modernisation de lignes existantes.	Poursuivre l'EES sur le mode itératif : l'évaluation peut s'affiner à mesure que la définition du réseau se précise. La réalisation de l'EES au niveau des corridors, qui devrait logiquement constituer la phase suivante du processus, devrait permettre de mieux évaluer les nuisances sonores ainsi que l'impact sur le paysage et les habitats.
Champ : le nombre d'aspects examinés est resté limité et les effets indirects (entraînés par des phénomènes induits) ou cumulés n'ont pas été pris en considération.	Identifier les impacts à évaluer et préciser les indicateurs à utiliser pendant les phases suivantes de l'EES. Mettre au point un jeu d'indicateurs utilisables dans les évaluations multimodales.
Disponibilité des données : la collecte et l'harmonisation de données provenant de 14 pays est l'opération qui a pris le plus de temps parce que les bases européennes de données harmonisées étaient lacunaires (ou faisaient défaut). La variabilité du degré de disponibilité des données selon les modes (l'impact du trafic routier sur l'environnement a été beaucoup mieux étudié que celui du trafic aérien ou ferroviaire) a également posé problème.	Créer des banques de données intégrées et harmonisées relatives à tous les modes.
Il a été impossible de quantifier l'impact du réseau sur les habitats naturels parce que les bases de données relatives à la couverture terrestre et aux biotopes constituées dans le cadre du programme CORINE se sont avérées très incomplètes.	Répertorier et classer les paysages remarquables et les sites sensibles. Les plans du réseau doivent tenir compte à tout le moins des zones protégées existantes conformément aux dispositions de la directive (CEE) 92/43 relative aux habitats qui est entrée en vigueur en 1995.
Méthode : le « multimodalisme » a nécessité la mise au point d'une méthode particulière qui doit maintenant être améliorée pour certains aspects (notamment le bruit).	Mettre au point d'autres méthodes d'évaluation multimodale.
L'agrégation des impacts (mise en balance des différents aspects environnementaux) est restée limitée.	Définir des critères et des méthodes d'agrégation.
Modèles : le modèle de trafic mis au point pour une autre étude ne pouvait pas donner toutes les données nécessaires à l'évaluation de l'impact sur l'environnement.	Combiner les modèles de trafic et d'impact en un modèle utilisable pour l'évaluation.
Incertitudes : le problème a été résolu en grande partie par une analyse de scénarios.	Élaborer des méthodes pour les analyses de sensibilité.
SIG : le manque de données en a limité l'utilisation.	Intégrer et harmoniser les bases de données SIG.
Options : l'étude se limite aux options envisageables sur le plan des infrastructures. Les résultats montrent que la construction d'infrastructures spéciales pour les trains à grande vitesse, la réalisation de mesures d'ordre technique et la fixation de normes ne suffiront pas pour atteindre les objectifs environnementaux de l'Union européenne, en l'occurrence pour réduire la consommation d'énergie et les émissions de CO_2.	Envisager d'autres options stratégiques (gestion du trafic, gestion de la demande, télématique, mesures fiscales, tarification, etc.) en établissant les plans et en évaluant l'impact du réseau.
Consultation et participation du public : l'étude a été analysée par les DG VII et XI ainsi que par le groupe de haut niveau pour le réseau européen de trains à grande vitesse (groupe composé de représentants des États membres et du secteur privé). Aucune ONG n'a été associée à la procédure officielle et il n'y a pas eu d'enquête publique formelle.	Clarifier les questions de procédure et rechercher un moyen de concilier les besoins de la consultation avec les impératifs de confidentialité propres aux actions stratégiques (en étudiant par exemple les solutions mises en œuvre dans plusieurs pays).
Incidence sur le processus décisionnel : l'EES n'a pas eu d'incidence significative sur le processus décisionnel, si ce n'est qu'elle a démontré que le train à grande vitesse est, à la majorité des points de vue, un mode de transport plus écologique. Le réseau a été modifié depuis 1990, mais il serait difficile de dire dans quelle mesure ces modifications peuvent être imputées à des préoccupations écologiques.	Clarifier les questions de procédure dans les directives relatives aux RTE : indiquer les stades du processus décisionnel où une EES doit être effectuée et comment les conclusions de l'EES doivent être prises en compte dans le processus décisionnel.
L'évaluation du rôle joué par l'EES dans le processus décisionnel est rendue difficile par le fait qu'il n'y a pas eu d'analyse des interactions entre les effets environnementaux, les retombées socio-économiques et l'incidence sur les investissements.	Définir des indicateurs et des méthodes d'évaluation intégrée des effets environnementaux, des retombées socio-économiques et de l'incidence sur les investissements.

© CEMT 2000

Tableau 9. **Aspects spatiaux et écologiques d'une EES des réseaux transeuropéens**

Aspect	Objectifs finaux	Objectifs immédiats	Indicateurs possibles
Biodiversité et préservation de la nature	• Préservation de la biodiversité	• Préservation de certaines zones particulières et de l'environnement général	• Proximité des infrastructures • Densité des sites protégés par des amortisseurs de bruit • Consommation d'habitats naturels
Ressources en eau	• Utilisation raisonnée des ressources en eau • Sauvegarde et amélioration de la qualité des eaux souterraines • Sauvegarde de la qualité écologique des eaux douces superficielles • Rationalisation des rejets en mer	• Réduire la pollution, protéger les bassins hydrographiques, prévenir les dommages causés à l'environnement par la navigation maritime	• Nombre de traversées des voies navigables • Nombre de zones de protection des eaux et des nappes aquifères touchées
Zones littorales	• Développement durable des zones littorales et de leurs ressources	• Améliorer l'équilibre entre utilisation et protection des sols et optimiser l'utilisation des ressources naturelles • Intégrer la planification et la gestion • Améliorer la coordination des politiques communautaires ainsi que celle entre les politiques communautaires, nationales et régionales	• Nombre de zones littorales touchées • Dimension des couloirs découpés dans les zones littorales par les relations créées
Bruit	• Éviter l'exposition à des niveaux de bruit dangereux pour la santé et la qualité de la vie	• Diminuer l'exposition (en particulier nocturne) au bruit	• Zones limitrophes des lignes exposées au bruit • Nombre de zones tranquilles touchées
Ressources foncières	• Maintien durable des activités économiques • Amélioration de l'aménagement du territoire	• Éviter l'éclatement des unités fonctionnelles	• Superficie des terres (terres agricoles, forêts) expropriées

Source : AEE (1998) : Évaluation spatiale et écologique des RTE. Démonstration d'indicateurs et de méthodes SIG.

- mis au point, testé et appliqué plusieurs méthodes d'évaluation de l'impact sur l'environnement telles que l'analyse de proximité, les modèles de prévision des impacts et les cartes de sensibilité.

A la suite de la définition des RTE pour les États membres de l'UE, le Conseil européen des ministres a lancé une nouvelle initiative visant à définir les futurs RTE dans une Europe élargie. L'encadré 6 détaille ce processus et examine le rôle potentiel de l'EES.

E. L'EES dans les organisations internationales

E.1. *Les institutions internationales de financement et l'EES*

Les institutions financières internationales, surtout si elles ont pour mission de représenter l'intérêt public, ont pour responsabilité particulière, dans le processus d'investissement, de veiller à ce que les considérations environnementales y soient intégrées le plus tôt possible et de la façon la plus cohérente possible. Les institutions financières doivent s'assurer du respect des critères fondamentaux en matière de protection de l'environnement. Outre les effets directs sur l'environnement, il faut inscrire parmi ces critères les effets indirects qui pourraient découler d'une allocation sous-optimale des ressources. Les institutions financières doivent aussi vérifier le respect des dispositions réglementaires en vigueur dans la région et le pays où le projet est situé, ainsi que, le cas échéant, de la réglementation de l'Union européenne.

Ces évaluations ne se limitent toutefois pas à ces aspects formels, puisqu'elles ont également pour but de déterminer la viabilité réelle et concrète d'un projet. Il ne suffit pas que le plan financier et le plan

> Encadré 6. **Évaluation des besoins en infrastructures de transport en Europe centrale (TINA) – extension du réseau de transport transeuropéen de l'Union**
>
> Les orientations de 1996 concernant les RTE concernaient le réseau sur le territoire européen. Reconnaissant le rôle moteur joué par les transports dans la stratégie de pré-adhésion de l'Union (décrite dans *Agenda* 2000), le Conseil des ministres a décidé de lancer un processus de définition du futur RTE dans une Europe élargie. Une stratégie en cinq volets pour le développement d'un réseau de transport paneuropéen a été définie par la Commission [(COM(97)172 final] :
> - consolidation des corridors paneuropéens de transport et développement du concept de zones de transport paneuropéennes ;
> - extension du RTE-T aux pays candidats à l'adhésion dans le cadre du processus d'évaluation des besoins en infrastructures de transport (TINA) ;
> - approche commune en matière de technologies de transport afin d'assurer l'interopérabilité ;
> - promotion de l'utilisation de technologies intelligentes pour le transport ;
> - collaboration en matière de recherche et développement.
>
> Depuis 1996, le processus TINA est en cours, sous la présidence de la Commission et avec la participation de hauts fonctionnaires des États membres de l'UE et des onze pays candidats à l'adhésion. Il vise à :
> - définir le RTE-T d'une Union élargie sur la base du concept et des critères fixés dans les orientations relatives aux RTE (décision 1692/96/CE du Conseil) ;
> - élaborer une méthode d'évaluation du réseau, notamment sur le plan de sa dimension environnementale.
>
> Le groupe de hauts fonctionnaires TINA a adopté son rapport final en juin 1999 à Potsdam. Ce rapport sera publié au début de l'automne 1999. Conformément à l'accord conclu à Vienne en juin 1998 et confirmé à Potsdam moyennant quelques modifications mineures, le rapport final comportera un projet de réseau pour l'Union élargie et des informations détaillées concernant les mesures d'investissement possibles sur ce réseau pour un montant total d'environ 85 milliards d'Euro. Il constituera la base d'une proposition que la Commission soumettra en temps utile afin d'élargir les orientations concernant le RTE-T.
>
> L'identification des projets sera particulièrement importante pour la mise en œuvre du nouvel instrument structurel de pré-adhésion (ISPA) qui permettra à l'UE d'apporter son concours, dès l'an 2000, à des projets ciblés sur les problèmes du réseau des infrastructures de transport dans les pays candidats et les problèmes environnementaux, mis en évidence dans Agenda 2000. Une enveloppe totale de 7 milliards d'euros, dont la moitié sera consacrée au secteur des transports, a été adoptée jusqu'en l'an 2006. Les résultats du processus TINA serviront de point de départ pour l'identification des projets.
>
> En ce qui concerne la réalisation d'une EES du réseau proposé, l'expérience et les travaux effectués à ce jour par le groupe des hauts fonctionnaires TINA ont confirmé la nécessité d'une telle évaluation. Toutefois, aucune action n'a à ce jour encore été engagée en vue de réaliser une telle évaluation. En revanche, certains efforts ont été consentis pour estimer le coût financier du réseau et des projets qui lui sont associés.
>
> L'un des objectifs poursuivis par le processus TINA est l'établissement d'un ordre de priorité des projets à financer afin de développer le réseau. A cet égard, il sera essentiel de prendre en compte le plus précocement possible les incidences environnementales de la sélection et de la prioritisation des maillons du réseau. Dès que la Commission aura finalisé l'élaboration des méthodes d'EES, comme le requiert l'article 8 des orientations de 1996, celles-ci seront appliquées au réseau proposé sur le territoire des pays adhérents.
>
> ---
> *Source* : « RTE 1998 – Rapport sur la mise en œuvre des orientations et priorités pour l'avenir », Commission européenne.

d'exploitation soient réalistes, tout comme doivent l'être les aspects techniques se rapportant à l'investissement, mais il faut aussi y inclure si possible une analyse des externalités.

Bien que les institutions financières ne puissent pas se substituer au promoteur et aux autorités réglementaires, elles jouent souvent, tout au long du projet, un rôle de surveillance des décaissements et de la vie du prêt. Elles peuvent par conséquent apporter une contribution unique au processus car elles ont la possibilité d'exercer avec une relative indépendance leur faculté d'appréciation pour déterminer si un projet répond aux critères de durabilité. A cet effet, plusieurs organisations internationales ont reconnu la nécessité de l'EES et soit adoptent des procédures ou des directives, soit examinent la possibilité de le faire. Un survol des principaux bailleurs de fonds internationaux permet de se rendre compte que l'EES fait son chemin. L'encadré 7 passe brièvement en revue les initiatives prises dans ce domaine.

La Banque mondiale a publié, en 1993 et 1996, des orientations concernant ce qu'elle appelle des évaluations environnementales régionales et sectorielles. La Banque a procédé à un nombre croissant d'évaluations environnementales sectorielles et régionales depuis le début des années 90[39] dans le cadre d'une évaluation plus systématique des programmes d'investissement et des projets individuels. Dans une étude récente sur l'évolution des évaluations de l'impact sur l'environnement au sein de la Banque mondiale, Goodland et Mercier ont mis en évidence le rôle important que peuvent jouer les évaluations sectorielles et régionales pour parvenir à une meilleure analyse des alternatives : « *la plupart des évaluations environnementales interviennent encore toujours au niveau du projet. L'évaluation de l'impact du projet sur l'environnement commence lorsque la décision concernant le projet a déjà été prise. Lorsqu'elle est réalisée au stade du projet, l'évaluation de l'impact sur l'environnement ne constitue pas un outil d'aide à la sélection des projets. Si elle garantit une grande flexibilité au niveau de la conception et de l'atténuation des incidences, l'évaluation des impacts sur l'environnement, lorsqu'elle intervient au niveau du projet, est tout à fait inutile au regard de la stricte sélection du projet* »[40]. Cet argument constitue, estime-t-on, un plaidoyer vibrant pour la promotion d'EES permettant une intégration de l'analyse des alternatives dans l'activité sectorielle, débouchant le cas échéant sur l'identification d'un projet.

En Europe, la Banque européenne pour la reconstruction et le développement (BERD) applique des procédures environnementales qui disposent que, outre l'EIE pour des actions spécifiques, la Banque est également habilitée à réaliser des EES de plans ou de programmes liés à un secteur économique spécifique, tel que le transport, ou à une région géographique, « selon les besoins »[41]. Tout en reconnaissant l'avantage d'une telle approche stratégique (évaluation des impacts cumulés, élargissement de l'éventail d'alternatives, etc.), la Banque n'a, à ce jour, réalisé qu'une seule EES – relative au projet d'autoroute est-ouest en Slovénie, en 1994. Les trois composantes principales du projet étaient les suivantes :

i) construction de 9.4 km d'autoroute entre Pesnica et Sentilj (Maribor-frontière autrichienne) ;

ii) reconstruction/amélioration de deux routes menant à la frontière hongroise entre Pocehova et Lendava (23.7 km) et entre Slovenska Bistrica et Ptuj (9.1 km) ; et

iii) élargissement de la route entre Crnuce et Domzale près de Ljubljana (4.2 km).

Plusieurs EIE et analyses environnementales ont été réalisées à propos de ce projet, conformément aux dispositions en vigueur en Slovénie et aux procédures environnementales de la BERD. La procédure de saine diligence environnementale a permis de recenser un certain nombre d'impacts sur l'environnement, en rapport avec le bruit, la qualité de l'air et de l'eau, la faune et la flore sauvages, le patrimoine naturel et culturel, ainsi que les impacts temporaires associés à la construction routière. Malgré l'élaboration de plans d'atténuation des effets sur l'environnement, le ministre slovène de l'Environnement a admis que les impacts de l'ensemble du programme de développement des autoroutes n'avaient pas été évalués.

C'est pour répondre à cette préoccupation que la Banque a contribué à élaborer le mandat d'une EES portant sur le système de transport de la Slovénie et à apporter une assistance technique pour la réalisation de l'EES, dans le cadre du prêt accordé au projet d'autoroute est-ouest. Ce mandat comportait les quatre objectifs suivants :

- réaliser une étude de référence sur les conditions environnementales actuelles dans les corridors de transport nord-sud et est-ouest en Slovénie ;
- déterminer les scénarios de rechange pour le développement de ces corridors (modal et corridor) ;
- déterminer et évaluer les impacts sur l'environnement associés aux scénarios de rechange pour le développement des corridors de transport slovènes ; et
- formuler, à l'intention des ministères slovènes du Transport, de la Protection de l'environnement et de l'Aménagement régional, des recommandations quant aux mesures nécessaires, à moyen et

Encadré 7. Dispositions ou initiatives prises en matière d'EES par les organisations internationales

COMMISSION EUROPÉENNE

- Traité de Maastricht : Article 6 : « *Les exigences en matière de protection de l'environnement doivent être intégrées dans la définition et la mise en œuvre des autres politiques de la Communauté* ».
- EES incluse dans le 5e programme d'action dans le domaine de l'environnement et dans divers autres documents d'orientation.
- Projet de proposition de directive relative à l'EES.
- Directive « Habitats ».
- Dispositions relatives à l'EES dans les Fonds structurels et de cohésion.
- Communication interne concernant les procédures de la Commission : évaluation environnementale des actions et des propositions législatives de la Commission.
- Programme de recherche sur l'EIE et l'EES (DG XI).
- Pratique :
  - EES des réseaux de transport transeuropéens (RTE), (DG VII, DG XI et EEE) ; manuel consacré à l'EES des projets de transport (DG VII).
  - Impact du 5ème programme d'action dans le domaine de l'environnement.
  - Guide de l'évaluation de l'impact sur l'environnement des plans de développement régional et des programmes des fonds structurels de l'UE (DG XI).
  - Études de cas dans le domaine de l'EES et promotion de cinq études pilotes de l'EES des corridors de transport des RTE (DG XI et DG VII).

AGENCE EUROPÉENNE POUR L'ENVIRONNEMENT (AEE)

- En préparation : programme d'évaluation intégrée de l'impact sur l'environnement (EIE). Ce programme est défini comme un processus interdisciplinaire d'identification, d'analyse et d'évaluation de tous les processus naturels et humains pertinents et de leurs interactions, qui déterminent la qualité actuelle et future de l'environnement et l'état des ressources, aux échelles spatiale et temporelle appropriées, de manière à faciliter l'élaboration et la mise en œuvre des politiques et des stratégies.

  Le programme s'articule autour des questions suivantes : domaines auxquels s'applique l'EIE ; analyse des éléments moteurs, des pressions et de l'état de l'environnement ; effet des mesures gouvernementales sur l'environnement ; coût des mesures gouvernementales prises en matière d'environnement.
- Contribution à l'EES des RTE (aspects spatiaux et environnementaux).
- Pratique : examen du 5e programme d'action dans le domaine de l'environnement.

CEE – ONU

- Groupe de travail chargé d'examiner les possibilités d'application de l'EIE aux PPP. A notamment procédé à un tour d'horizon des études de cas réalisées dans différents pays (1990).
- Convention concernant l'évaluation de l'impact sur l'environnement dans un contexte transfrontalier (1991) : « les parties s'efforcent d'appliquer les principes de l'EIE aux politiques, plans et programmes ».

OCDE

- Évaluation de l'impact des routes sur l'environnement : comporte un chapitre consacré à l'EES et formule des recommandations en vue de la mise en place d'un mécanisme d'EES du transport routier.
- Méthodologie pour les études d'impact sur l'environnement et le commerce.

BERD

- Directives de 1992 relatives à l'EIE. Soulignent la nécessité de procéder à une EES pour les plans de développement, les programmes sectoriels, les projets multiples.

© CEMT 2000

> **Encadré 7. Dispositions ou initiatives prises en matière d'EES
> par les organisations internationales** (*suite*)
>
> - La politique environnementale de la BERD (révisée en 1996), assigne à l'évaluation environnementale une place centrale dans l'approche de la BERD. L'évaluation stratégique de l'impact sur l'environnement est définie comme une forme d'évaluation environnementale des plans et programmes liés à un secteur économique particulier, tel que les transports, l'énergie, la sylviculture, la pêche, etc. ou liés à une région ou zone géographique.
>
> **BANQUE MONDIALE**
>
> - Le guide de la Banque mondiale pour l'évaluation de l'environnement examine la nécessité de l'EES et opère une distinction entre les évaluations régionales et sectorielles.
> - Préparation d'une série d'EIE sectorielles et régionales, notamment consacrées au secteur des transports.
>
> **ASSOCIATION INTERNATIONALE POUR L'ÉVALUATION D'IMPACT – CEARC**
>
> - Étude internationale concernant l'efficacité des évaluations de l'impact sur l'environnement.
> - Définition des principes de base régissant l'EES (projet proposé à Glasgow en juin 1999).
>
> **OTAN-CDSM**
>
> - Étude pilote : méthodologie, focalisation, analyse et champ de l'évaluation de l'impact sur l'environnement.

à long termes, pour choisir les solutions les plus économiques sur le plan du transport tout en atteignant les objectifs fixés sur le plan de l'environnement.

Une fois le projet d'autoroute est-ouest approuvé par le Conseil d'administration, la composante coopération technique a été transférée au programme PHARE, et la BERD n'a plus participé au développement de l'EES.

Après la signature de l'accord de prêt de la BERD, les corridors autoroutiers ont été définis sur la seule base de leur inclusion dans un « Plan spatial » d'ensemble pour la Slovénie et le Parlement a examiné un « Programme de construction d'autoroutes » relatif au calendrier de réalisation. A la suite de ces événements, les ministères concernés ont reconnu que l'EES ne pourrait pas examiner « les impacts sur l'environnement associés aux scénarios de rechange pour le développement des corridors de transport slovènes » comme le prévoyait le mandat original. En conséquence, les consultants engagés par le programme PHARE pour réaliser l'EES ont établi, en accord avec les ministères concernés, un mandat révisé fixant les deux objectifs suivants :

- évaluer les possibilités de parvenir à un développement durable des transports grâce à une politique active de réduction du trafic sur les autoroutes ; et
- évaluer la gestion des aspects environnementaux dans le secteur du transport en Slovénie, et formuler des recommandations en vue de son amélioration.

L'une des conclusions du rapport, publié en mai 1996, était que malgré « ... l'absence d'exigence légale quant à la réalisation (à un niveau supérieur à celui des corridors) d'une EES pour de nouvelles infrastructures, et encore moins pour la politique des transports en général, il serait recommandable (sic) d'envisager l'introduction d'une évaluation environnementale plus générale des politiques, plans et programmes dans le secteur du transport et dans d'autres secteurs. » (DHV Consultants BV, 1996a, p.57.)

Dans le cadre de sa politique de renforcement de son action environnementale, la BERD examine actuellement la nécessité de procéder à une EES dans les pays couverts et la mesure dans laquelle elle pourrait contribuer à satisfaire ce besoin. Cela devrait donner lieu à des travaux complémentaires, particulièrement en vue d'identifier les secteurs et les PPP susceptibles de faire l'objet d'une étude d'EES et dans lesquels la BERD pourrait être directement impliquée. Toutefois, en tant qu'institution de financement de projets, la Banque continuera, par définition, à se concentrer sur les investigations environnementales au niveau du projet. Mais elle souhaiterait néanmoins se rassurer en sachant qu'un projet soumis par un promoteur du secteur public ou du secteur privé s'inscrit dans le cadre d'une politique ou d'un programme de plus grande envergure, écologiquement viable ou ayant fait l'objet d'une EES.

Les « lignes directrices en matière d'environnement » de la Banque européenne d'investissement (BEI) décrivent les outils que la banque utilise dans le cadre des projets : études sectorielles, analyses coût-efficacité, analyses coût-avantages, études d'impact sur l'environnement. Parmi toutes ces démarches, les études sectorielles sont certainement les plus intéressantes en termes d'évaluation au niveau stratégique, par opposition aux études conduites au niveau des projets. Ces études sont axées sur une large analyse des secteurs écologiquement sensibles (tels que les transports) et décrivent le contexte, évaluent les différents problèmes et identifient l'ampleur, le champ et la nature des possibilités qui peuvent s'offrir à la Banque. Elles incorporent d'une manière générale la dimension environnementale et peuvent dès lors être considérées comme une contribution à une approche de type EES. Toutefois, les études sectorielles sont encore toujours effectuées de manière sélective (en période de changement structurel, par exemple) et ne sont dès lors pas suffisamment répandues pour en dégager une approche stratégique à l'égard de la plupart des projets menés par la BEI dans le domaine des transports[42]. A ce jour, la BEI n'a pas encore procédé à de véritables EES, même si elle prépare en ce moment des notes concernant les actions et procédures à suivre en matière « d'évaluation stratégique de l'impact sur l'environnement ».

Les Banques et les institutions financières similaires dépendent donc essentiellement des EES effectuées à l'extérieur, par les promoteurs des projets. Elles peuvent néanmoins, et elles le font effectivement, vérifier les hypothèses et la cohérence des objectifs sous-jacents aux projets d'investissement qui leur sont soumis, pour s'assurer qu'ils répondent aux critères fondamentaux en rapport avec les EES. Elles ne peuvent pas, par contre, compenser les insuffisances des EES ou des EIE, ni résoudre les contradictions fondamentales sur le plan des politiques.

La BEI a participé au financement des deux grands projets ci-après, pour lesquels des EES ou des évaluations environnementales très détaillées avaient été réalisées :

- franchissement de l'Öresund entre le Danemark et la Suède ;
- analyse du scénario sur 10-15 ans de la Banverket, société d'investissement des chemins de fers suédois.

La Task Force chargée de la mise en œuvre du programme de la Commission d'Helsinki (HELCOM PITF) vient de publier les résultats de son étude sur les processus décisionnels en matière d'infrastructures au sein des institutions financières internationales (IFI). Cette étude a notamment comparé les procédures appliquées notamment par la BEI, la BERD et la Banque mondiale et apporte ainsi une contribution importante à une meilleure compréhension de ces processus ainsi que des forces et faiblesses des différentes approches.

Quelques-unes des conclusions importantes en matière d'EES et de transport[43] sont résumées ci-dessous :

- « *si toutes les IFI imposent la réalisation d'une EIE, ces EIE ne portent que rarement sur les effets prévisibles des émissions produites par le trafic généré et aucune d'entre elles n'impose d'EES* » ;
- en ce qui concerne l'analyse des alternatives, qui constitue un aspect clef de l'EES, seule la Banque mondiale a (ponctuellement) imposé une analyse des alternatives. Par ailleurs, HELCOM a constaté que « *aucune des IFI n'impose une analyse des alternatives prenant en compte des taux de rentabilité économique ou financière comparables pour d'autres solutions modales ou de gestion de la demande afin de parvenir aux mêmes objectifs en matière de mobilité et d'accès* » ;
- en ce qui concerne la prise de décision au niveau politique et la possibilité d'y être davantage associé, l'étude indique que « *par sa capacité à subordonner les prêts à des modifications politiques ou*

institutionnelles, le personnel de la BEI dispose de larges prérogatives en ce qui concerne l'élaboration d'une politique personnelle ».

E.2. *Vers des initiatives conjointes destinées à promouvoir l'utilisation des instruments de type EES*

Outre une plus grande diffusion des lignes directrices, méthodologies et exemples de bonne pratique – qui doivent conduire à une utilisation croissante de l'EES par les IFI – les possibilités de collaboration élargie dans la sphère très influente de l'investissement dans le secteur des transports ne devraient pas non plus être négligées.

Un certain nombre d'initiatives conjointes prises par les IFI ont déjà été promues dans le secteur de l'environnement[44] :

- le Programme conjoint d'action d'ensemble en faveur de l'environnement marin de la mer baltique a associé la Banque mondiale, la BEI, la BERD, l'Union européenne et la Nordic Investment Bank. L'idée à la base de cette initiative était de créer (et de financer) un cadre commun pour les études des problèmes environnementaux auxquels était confrontée la mer baltique, et en particulier les « points chauds » tels que les sources ponctuelles et le ruissellement à partir des terres agricoles d'affluents liquides, les sources d'émissions atmosphériques, les questions liées à l'affectation du sol, etc. ;
- le *Danube Environmental Action Programme* était une initiative conjointe de la Banque mondiale, de la BERD et de l'Union européenne qui avait, elle aussi, pour but d'évaluer l'ensemble des problèmes environnementaux dans le cadre d'une ressource naturelle donnée. Le programme a débouché sur la création d'un secrétariat permanent établi à Vienne, financé par la Commission européenne, qui assure le suivi des résultats et des recommandations de l'initiative.

Bien que ces exemples ne concernent pas prioritairement les transports, ils sont porteurs de leçons et de suggestions importantes pour progresser à l'avenir. Le cadre de coopération s'est montré relativement efficace et pourrait servir de modèle à une série d'évaluations stratégiques du secteur des transports dans les différentes régions prises pour cible d'investissement par les IFI. L'avantage de ces initiatives conjointes était l'impression de maîtrise du processus et de ses résultats, ressentie par l'ensemble des institutions. Ces évaluations pourraient déboucher à leur tour sur l'établissement d'un ensemble d'orientations ou de mécanismes de hiérarchisation susceptibles d'influer sur le programme de prêt des différentes institutions dans le sens de solutions écologiquement, socialement et économiquement durables. L'adoption d'une telle approche commune offrirait de nombreux avantages, et notamment une utilisation plus efficace et plus proportionnée aux coûts des informations existantes en ce qui concerne les problèmes d'environnement liés au secteur des transports dans certaines régions ou pays.

F. Principaux problèmes

Les systèmes existants d'EES sont très diversifiés. Les procédures d'évaluation structurées (sélection préliminaire, balayage, consultation du citoyen, etc.) ou les méthodologies communes font tout juste leur apparition, en partie grâce aux initiatives de la Commission européenne. De plus, les compétences des différentes autorités concernées ne sont pas clairement définies et les déclarations d'intention concernant les politiques sectorielles font encore trop souvent l'impasse sur le thème de la viabilité écologique (tant au niveau de l'Union qu'aux niveaux national ou régional). Enfin, l'information en retour entre l'EES et l'EIE des projets est loin d'être optimale et les systèmes de surveillance doivent là encore être développés.

Le manque d'informations concernant des exemples concrets d'EES constitue un frein au développement effectif de l'EES. Pour faciliter la compréhension des procédures de l'EES et de son application, il faut avant tout améliorer l'échange d'informations et la documentation disponible. Il convient également de dresser l'inventaire des études de cas existantes et de les soumettre à des analyses comparatives. Telle était en tout cas la principale recommandation formulée à l'issue de l'atelier sur l'EES organisé à La Haye[45] et dans l'étude de la DG XI sur la législation et les procédures en matière d'EES dans la Communauté[46]. Bien que des progrès aient été accomplis depuis et que des exemples de documents utiles soient repris à l'annexe 2, il reste encore beaucoup à faire. Il faudrait avoir une vue d'ensemble des exemples d'EES qui ont effectivement réussi à influer sur le processus décisionnel et à améliorer la durabilité des produits finaux. Il serait également utile d'en savoir davantage sur les difficultés et les obstacles rencontrés par les États membres dans la réalisation des EES, et sur les moyens qu'ils ont tenté de mettre en œuvre pour résoudre ces problèmes.

Partiellement en réponse à la nécessité d'élaborer une stratégie de recherche globale en matière d'EES et d'EIE, couvrant l'ensemble de l'Union, la Commission et le Centre commun de recherche ont préparé, en 1997, une « Étude visant à développer et mettre en œuvre une stratégie de recherche globale en matière d'EES et d'EIE dans l'UE ». Cette étude vise à assurer une mise en œuvre pleinement efficace de la directive sur l'EIE et à jeter des bases satisfaisantes en vue de la mise en œuvre de l'EES dans l'Union. Les 17 domaines de recherche identifiés concernent les lacunes et besoins de recherche communs à un certain nombre d'États membres.

On trouvera dans l'encadré 8 une synthèse des principaux problèmes et lacunes associés à l'EES, et auxquels il convient de chercher des solutions.

L'une des principales difficultés, dans le cadre de l'EES, est celle de la participation du citoyen, et on ne connaît à ce jour que peu d'exemples d'EES où l'on ait réussi à faire en sorte que cette participation soit assez significative (qu'il s'agisse d'individus ou de groupes organisés comme les ONG). Plusieurs explications ou arguments ont été avancés :

- faire participer le citoyen en général (par exemple au niveau national) est difficile, coûteux et/ou fastidieux ;

- faire participer de larges segments de la population à un stade *précoce* de la planification stratégique (par exemple à celui d'un plan national) peut être difficile parce que les problèmes et les différentes solutions possibles n'ont pas encore été suffisamment définies pour qu'un débat soit possible ;

- absence d'outils et de mécanismes appropriés ;

- manque d'expérience et de bons exemples ;

- il existe un sentiment selon lequel cette participation saperait le rôle des responsables élus par la population pour prendre de telles décisions.

L'examen de six cas réalisé par la Banque mondiale[47] montre que la participation du citoyen est en fait possible, au moins pour les programmes à grande échelle comportant un large éventail de sous-projets, et qu'elle peut se traduire par d'importants avantages, et notamment :

- contribuer à recenser les problèmes et les préoccupations qui constituaient le fondement de l'évaluation environnementale ;

- mettre en évidence le niveau de soutien apporté au projet par les populations locales ou d'autres parties concernées ;

- recenser les préoccupations des populations locales ;

- réduire les résistances aux impacts négatifs au cours de la mise en œuvre du projet ;

- produire des recommandations sur la conception ;

- contribuer au choix de solutions de rechange possibles au niveau sectoriel ;

- contribuer à la pondération des paramètres relatifs aux impacts (par exemple, pendant le processus de hiérarchisation).

Encadré 8. Principaux problèmes et lacunes de l'EES

Niveau politique/institutionnel

– Les procédures d'élaboration des PPP varient considérablement d'un pays à l'autre et d'une culture à l'autre. Aussi faudra-t-il peut-être adopter des approches méthodologiques et procédurales différentes pour assurer l'intégration environnementale, même si les principes d'EES sous-jacents restent les mêmes.
– Les liens entre les phases EES et EIE dans le processus d'évaluation sont ténus.
– Les connaissances en matière d'approches méthodologiques et procédurales et les enseignements tirés de leur application pratique doivent être plus largement diffusés parmi les utilisateurs afin de les aider à développer des méthodes d'EES adaptées à leurs besoins.
– Maintenir un certain pouvoir discrétionnaire au niveau de la prise de décision politique et éviter un glissement trop important au niveau des pouvoirs de décision sont deux des conditions auxquelles peut être subordonnée l'adhésion du pouvoir politique à l'EES.

Niveau technique/méthodologique

– La sélection et la définition de variantes pertinentes et faisables, à évaluer dans le cadre de l'EES, risquent d'être difficiles.
– De même, la sélection et la définition de critères appropriés pour évaluer l'ampleur des impacts au niveau stratégique risquent d'être, elles aussi, délicates.
– La connaissance des méthodes pratiques de prévision des incidences au niveau des PPP ne fait pas l'objet d'une diffusion suffisamment large (inquiétudes concernant le risque de surutilisation de méthodes complexes dans des situations où des méthodes plus simples s'imposent, par exemple).
– La pratique de l'évaluation des impacts sur les ressources naturelles et des conséquences socio-économiques présente des faiblesses spécifiques.
– Les prévisions en matière d'EES sont entachées d'un fort coefficient d'incertitude (surtout en ce qui concerne les impacts indirects à long terme), mais on ne sait toujours pas comment y remédier.

Consultation/participation du citoyen

– L'élaboration de PPP est souvent un processus « fermé » (procédures internes de l'instance compétente) et dès lors confidentiel. Le défi consiste à définir la méthode qui permettrait d'identifier et de prendre en compte, tout au long du processus d'EES, des avis spécialisés plus largement assis et les préoccupations du citoyen.
– Dans la mesure où le champ géographique couvert par les PPP est très large, les décisions concernant la représentation du grand public et l'association des autres acteurs au processus (ainsi que sur les méthodes à appliquer pour y parvenir) peuvent être différentes.
– Enfin, il faut que les informations contenues dans les études d'EES (qui, par essence, sont de nature plus stratégique) soient mises à la portée du grand public et que l'accès à ces informations soit facilité. C'est là un autre défi qu'il convient de relever.

Source : Commission européenne (1995), EIA Methodology and Research.

4. LA RECHERCHE SUR L'EES

A. Priorités de recherche – Commission européenne, direction générale environnement

Les priorités de recherche en matière d'EES, énumérées dans l'encadré 9, ont été définies lors d'un atelier international sur les méthodes et la recherche EIE/EES, organisé à Delft en 1994. Pour répondre à ces besoins de recherche et appuyer le développement de la directive sur l'EES, la Commission a lancé une série de projets de recherche qui couvrent les différents aspects procéduraux et méthodologiques de l'EIE et de l'EES (voir encadré 10).

Pour acquérir de l'expérience sur le terrain et en tirer les enseignements au niveau de la méthodologie, la DG XI cofinance aussi des études pilotes lancées dans différents pays. L'organisation par la DG XI de séminaires de formation du personnel de la Commission à l'EIE/EES constitue une autre initiative intéressante.

Encadré 9.   Priorités de recherche

1. Exploitation de l'information environnementale dans la prise de décision en matière de PPP.
2. Attitude, à l'égard de l'EES, des décideurs en matière de PPP et moyens de réduire leurs inquiétudes.
3. Applicabilité à l'EES des méthodes d'EIE et d'analyse des plans/politiques existants.
4. Liens entre l'EES et l'EIE.
5. Faisabilité d'une prise de décision séquentielle.
6. Évaluation environnementale, sociale et économique intégrée au niveau stratégique.
7. Critères de détermination de l'ampleur des impacts au niveau stratégique.
8. Sélection préliminaire et balayage des variantes dans le cadre du processus d'EES.
9. Balayage des effets indirects et cumulés dans le cadre du processus d'EES.
10. Modalités de participation du citoyen au processus d'EES.

Source :   European commission (1995), EIA Methodology and Research.

Les sections ci-après résument les principales études effectuées par la Commission dans le domaine de l'EES et des questions apparentées, qu'elles soient de portée plus générale (exemples a à d) ou plus spécifiquement liées au secteur des transports (exemples e et f). Des études spécifiques concernant les méthodologies et pratiques d'EES sur l'ensemble des réseaux transeuropéens (RTE), ainsi que des EESs de couloirs TINA spécifiques ont été présentés dans le chapitre 3.

L'annexe 2 donne la liste de ces actions de recherche, avec leur adresse Internet éventuelle.

Encadré 10. Recherche EES à la DG XI (environnement)

1. Examen des méthodes et systèmes existants :
   – Méthodologie d'EES existante.
   – Législation et procédures d'EES dans la Communauté européenne.
   – Elaboration d'une stratégie de recherche en matière d'EES et d'EIE pour l'UE.
   – Étude du coût et des avantages de l'EIE et de l'EES.
   – Préparation d'études de cas d'EES.
2. EES pilotes :
   – EES expérimentale à Erlangen (EES du schéma directeur).
   – EES expérimentale au Danemark (évaluation de l'impact sur l'environnement des propositions parlementaires).
3. Formation :
   – Stages de formation du personnel de la Commission à l'EIE et à l'EES.

---

a) **EIE – *étude coût-avantages* (1996)**

Cette étude a notamment examiné le coût et les avantages de l'application de l'EES à certaines politiques, plans et programmes. Vingt études de cas ont été examinées, dont cinq touchant au secteur des transports. D'autres concernaient des plans de développement régional et d'aménagement du territoire. Les principales conclusions de l'étude sont reprises ci-après.

Coûts

- Parmi les principaux facteurs de coûts figuraient notamment les frais internes de personnel, la consultance, les avis des experts ainsi que la publicité et les publications.
- Les frais internes de personnel et de consultance ont représenté 90 pour cent de l'ensemble des coûts liés à l'EES.
- Dès lors que l'élaboration des plans est pleinement intégrée dans les initiatives et compétences relevant de l'Action 21 et dans les directives CE relatives à l'environnement, la plupart des fonctionnaires publics peuvent contribuer à l'EES dans le cadre de leurs tâches normales.
- Une EES majore d'environ 5 à 10 pour cent le coût d'un plan d'aménagement du territoire au niveau régional ; certaines EES bien conduites coûtent moins de 5 pour cent.
- Les coûts dépendent de l'existence préalable de données de référence et de la mesure dans laquelle le plan ou programme politique poursuit des objectifs environnementaux.

Temps consacré

- Les ressources internes consacrées à l'EES ont varié de quelques jours à 6 années – personne.
- La familiarisation croissante avec les processus d'EES réduira progressivement le temps consacré à la phase de lancement mais allongera le temps consacré à la mise en œuvre.
- Dès lors que du temps est prévu à cet effet dans la programmation, l'EES ne prendra pas plus de temps que celui initialement prévu pour les autres activités d'élaboration de la politique, de la planification et de la programmation.

Avantages

- Amélioration de la compréhension des effets de la politique.

- Amélioration de la transparence du processus de PPP.

Conclusions

- L'usage de l'EES est déjà largement répandu dans la Communauté.
- Les coûts sont généralement supportés par le secteur public.
- L'EES est un prolongement logique du processus de PPP existant.
- Les coûts liés à la réalisation d'une EES sont négligeables par rapport au montant total de l'investissement.

b) Études de cas dans le domaine de l'EES (1997)

L'objectif principal poursuivi par ce projet de recherche était de procéder à un échange d'informations concernant la mise en œuvre des différents systèmes d'EES au sein des États membres de l'UE, et ce de manière à renforcer leurs systèmes nationaux respectifs. L'étude a permis d'identifier, d'analyser et de comparer 18 études de cas d'EES réalisées dans les États membres. Les principales conclusions ont notamment été les suivantes :

- le manque de terminologie normalisée dans le domaine de l'EES et des politiques, plans et programmes complique souvent les discussions menées sur cette question ;
- la pratique en matière d'EES diffère considérablement d'un pays à l'autre et d'un secteur à l'autre ;
- l'EES se pratique généralement aux niveaux des plans et programmes ;
- la souplesse et l'adaptabilité demeurent les principales caractéristiques de toute EES ;
- l'EES devrait être menée au stade le plus précoce possible ;
- l'EES devrait être un processus participatif ;
- l'EES devrait jeter les bases de l'évaluation de la viabilité écologique ;
- le balayage doit prendre en compte les diverses alternatives possibles et associer le citoyen ;
- l'incertitude entourant la prévision des impacts devrait être reconnue ;
- les rapports d'EES devraient être mis à la disposition du citoyen et comporter une synthèse non technique ;
- le citoyen devrait être incité à dûment participer au processus d'EES plutôt que d'être simplement informé ;
- le suivi et le réexamen sont les principales faiblesses des EES actuelles ;
- l'EES peut faire gagner du temps et de l'argent en prévenant ou minimisant les dommages environnementaux et en empêchant que de mauvaises décisions soient imposées à la population.

c) L'évaluation stratégique de l'impact sur l'environnement des politiques au Danemark (1996)

L'étude visait à évaluer l'applicabilité de l'EES aux propositions de loi parlementaires en éprouvant les principes fondamentaux de l'EES à partir de deux propositions de loi danoises. Les cinq principes de l'EES sont notamment les suivants :

- documentation relative au processus et résultats ;
- clarté et exhaustivité de la procédure ;
- analyse des alternatives ;
- participation du citoyen ;
- évaluation de la portée.

Les principales conclusions ont notamment été les suivantes :

- les cinq principes devant présider à la réalisation d'une EES ont pu être appliqués à l'EES d'un projet de loi parlementaire ;

- les organisations d'intérêt général sont des porte-parole effectifs du citoyen ;
- le processus décisionnel lié à l'élaboration et à l'adoption d'un projet de loi par voie parlementaire se compose de différents stades ménageant de nombreuses possibilités de révision et d'amendement ;
- l'analyse des impacts devrait se focaliser sur une orientation générale plutôt que sur leur quantification ou leur localisation géographique précise.

d) *Méthodologie existante en matière d'EES (1994)*

L'étude a donné un aperçu des méthodologies en matière d'EES en se concentrant sur la méthodologie technologique permettant d'intégrer les informations concernant l'environnement dans la formulation d'actions stratégiques, sur des bases obligatoires ou volontaires. Le rapport consiste en deux parties :

- un inventaire et une analyse de 11 exemples d'EES réalisées dans différents pays et secteurs. L'analyse examine principalement les méthodes et instruments et leur appréhension par les décideurs ;
- un aperçu des méthodologies les plus efficaces au niveau stratégique.

Les études sont notamment parvenues aux conclusions suivantes :

- pour l'ensemble des EES étudiées, les outils adéquats étaient disponibles ; la disponibilité de méthodologies d'EES ne constitue donc pas un obstacle à la réalisation d'une EES ;
- les méthodes d'EES dépendent du type d'action stratégique : l'élaboration de lignes directrices générales est un exercice délicat ;
- dans la plupart des EES, il est procédé à une évaluation des diverses alternatives possibles ;
- l'EES est un processus récurrent qui donne lieu à une communication permanente entre experts environnementaux et experts sectoriels ;
- l'influence de l'EES sur la prise de décision est difficile à évaluer. Dans certains cas, l'EES a eu un effet tangible sur l'option finalement retenue. Dans d'autres cas, l'EES a probablement modifié l'appréhension de la dimension environnementale par l'autorité concernée ;
- l'EES est souvent entachée d'incertitudes importantes. Les techniques pour y remédier existent ;
- la plupart des exemples d'EES étudiés font apparaître un délai de réalisation de plus de 6 mois.

Recommandations

- Évaluer l'importance des indicateurs et les objectifs environnementaux.
- Clairement définir l'action stratégique et ses alternatives.
- Élaborer des méthodes permettant de remédier aux incertitudes entachant la prise de décision.
- Il est possible de raccourcir le délai de réalisation d'une EES en procédant à des évaluations moins détaillées pour les actions stratégiques de haut niveau, en améliorant la qualité des politiques environnementales, en améliorant la disponibilité des données de référence et en se concentrant sur les principales questions environnementales.

e) *Étude sur le trafic induit (1995)*

Le rapport passe en revue et évalue les méthodologies utilisées pour prévoir le trafic induit par les nouvelles infrastructures de transport. Il s'attache à définir opérationnellement la notion de trafic induit, classe et compare les formulaires types permettant d'estimer le trafic induit et décrit les problèmes à prendre en considération pour déterminer les techniques appropriées de prévision de la demande de déplacement pour les différents projets du réseau transeuropéen (RTE). Un cadre uniforme, s'appuyant sur une distinction entre des éléments de modèles génératifs et distributifs, est proposé. Des recommandations sont formulées pour des méthodes de quantification des effets des RTE dans l'ensemble de la Communauté.

f) Développement d'alternatives

Integrated visions for a sustainable Europe – (VISIONS) *Évaluation de l'effet dans les États membres de la CE de la mise en œuvre des mesures de réduction du CO_2 dans le secteur des transports*

L'élaboration de politiques publiques de gestion ou de planification des zones urbaines et régionales a, jusqu'à présent, pu être utilisée de manière adéquate pour l'allocation à court et moyen termes de ressources dans la mesure où les données introduites étaient supposées quantifiables et les objectifs relativement bien définis. Les nouveaux problèmes de planification du développement durable – qui est désormais inscrit à l'ordre du jour à tous les niveaux de la prise de décision politique – couvrent des aspects beaucoup plus complexes que ceux qui, à l'origine, ont conduit à la définition d'instruments politiques scientifiquement fondés. Outre les conflits de valeurs qui leur sont inhérents, les modèles scientifiques et les modèles législatifs souffrent d'une pénurie de données présentant la qualité voulue pour pouvoir procéder à une modélisation réaliste et à une évaluation stratégique, d'autant qu'il n'existe en vérité aucune perspective concrète de parvenir un jour à un modèle universel unique permettant d'assurer l'indispensable intégration des nombreux secteurs.

Si l'on veut que le processus de planification conserve toute sa crédibilité et son efficacité dans le nouveau contexte du développement durable, de nouvelles approches et de nouveaux instruments devront être mis au point et appliqués. Les principaux objectifs en sont les suivants :

- élaboration d'un modèle informatique capable d'estimer les émissions de gaz à effet de serre produites par le transport routier sur la période 1985 à 2010 ;
- évaluation, sur la base d'un certain nombre de scénarios, des effets des mesures envisagées sur les futures émissions de gaz à effet de serre ;
- contribution aux discussions internes menées au sein de la Commission concernant l'identification et la conception de mesures appropriées de réduction des émissions.

Conclusions

- Les émissions de CO_2 continueront à augmenter à politique inchangée.
- L'adoption de mesures à l'échelle communautaire, couvrant le rendement énergétique des véhicules, conjuguée à un relèvement des taxes sur les carburants, peuvent casser cette tendance haussière.
- Une stabilisation des rejets de CO_2 produits par le transport routier est possible à l'horizon 2005-2010 (selon les mesures adoptées), mais non à l'horizon 2000.
- L'adoption, au niveau national, de mesures complémentaires axées sur les infrastructures de transport pourrait accélérer la réduction des émissions de CO_2.

B. Recherches sur la methodologie de l'EES des transports

B.1. *Introduction*

La prise de conscience de l'impact des transports sur l'environnement s'est faite nettement plus forte au cours des années 90. L'OCDE et la CEMT ont fait réaliser des études sur certaines de ces retombées, notamment sur les émissions de dioxyde de carbone, et ont réfléchi aux conséquences environnementales de réalités aussi complexes que les transports urbains, l'accès et la mobilité. La Commission européenne a elle aussi lancé diverses actions de recherche en vue notamment de préparer la future EES des réseaux transeuropéens (ou de certains de leurs corridors). La DG XI a entrepris des travaux de recherche (évoqués dans le chapitre 3) tant sur la théorie que sur la pratique de l'EES dont certains se focalisent sur des questions de transport. La DG VII s'est quant à elle intéressée aux méthodes et procédures d'EES mises en œuvre dans les États membres et en dehors de l'Union européenne tandis que d'autres travaux ont été lancés pour atteindre des objectifs plus circonscrits, par exemple pour mettre au point des scénarios alternatifs.

Les recherches menées dans le cadre de l'EES de la politique commune des transports et des RTE portent sur une large gamme de sujets. Elles mettent néanmoins l'accent sur la modélisation d'un petit nombre d'impacts physiques tels que les flux de trafic, les émissions de CO_2, la pollution de l'air, le bruit et la consommation d'énergie. D'autres impacts tels que l'impact visuel et les répercussions sur les biotopes et les habitats, pourtant importants pour les réseaux transeuropéens, ne retiennent en revanche guère l'attention bien qu'il existe, ou soit possible de concevoir, des méthodes et des techniques de modélisation appropriées (SIG, etc.). La modélisation semble bien par ailleurs être la façon de faire privilégiée dans tout le programme, mais il est à craindre que les modèles mis au point seront trop sophistiqués pour pouvoir guider la prise de décision à haut niveau (qui requiert des méthodes et des moyens d'évaluation à la fois moins détaillés et plus souples).

Les principales actions de recherche du quatrième programme cadre et du programme COST (coopération européenne dans le domaine de la recherche scientifique et technique) sont passées en revue dans les paragraphes qui suivent. La plupart d'entre elles n'ont des liens qu'indirects avec l'EES et les transports, mais n'en proposent pas moins des techniques et des outils utilisables dans une EES. Elles ont été classées en cinq catégories en fonction de la contribution qu'elles peuvent apporter à une EES de la politique commune des transports ou des réseaux transeuropéens.

1. Méthodologie de l'EES.
2. EES et cadres d'évaluation.
3. EES et élaboration de scénarios alternatifs.
4. Outils de l'EES.
5. EES et évaluation des nouvelles technologies.

Les sections B2 à B7 ci-après passent ces cinq catégories d'études en revue. De plus amples informations sur ces études et sur les projets de recherche du quatrième programme cadre ainsi que sur le chargé de projet et la Commission peuvent être obtenues sur le site Internet suivant : *http://www.cordis.lu/ transport/src/*. On peut aussi se procurer des informations concernant le programme COST en envoyant un e-mail à l'adresse suivante : COST-T*ransport@dg7.cec.be*. De plus, certaines références de documents et/ou des adresses de sites Internet figurent en annexe 2.

Une EES pilote des réseaux transeuropéens a été réalisée en combinant les projets COMMUTE, MEET, SCENARIOS et STREAMS du quatrième programme cadre décrits de façon succincte dans les paragraphes qui suivent. D'autres programmes ont également donné naissance à des recherches intéressantes pour l'EES et les transports. L'encadré n° 11 donne un aperçu des objectifs de trois des programmes cadres de la Commission, notamment du quatrième.

B.2. *Méthodologie de l'EES*

Il est impératif d'imaginer une méthode et une procédure solides qui permettent de réaliser des EES en usant de tous les outils d'évaluation disponibles. L'EES doit aider à identifier, évaluer, améliorer et mettre en œuvre l'option la meilleure.

Méthodologie de l'évaluation de l'impact sur l'environnement (DG VII, APAS, 1995)

Cette étude fait le point des méthodes d'évaluation des actions stratégiques dans le domaine des transports. Elle propose également d'intégrer dans un cadre cohérent (*cf.* figure 4) les effets environnementaux stratégiques, les retombées spatiales et les impacts directs, mesurés par des procédés plus classiques, des transports. Le rapport est divisé en cinq parties :

- transport et développement régional ;
- effets socio-économiques ;
- effets environnementaux et viabilité des politiques de transport ;
- cadres d'évaluation des initiatives politiques dans le domaine des transports ;

La recherche sur l'EES

Encadré 11. Programmes cadres européens de recherche

Deuxième programme cadre (1987-1991) : programme EURET (Action concertée 1.1) d'analyse coût-avantages et multicritère des infrastructures de transport pour les nouvelles constructions de routes et les investissements d'infrastructure dans le domaine des chemins de fers, des voies navigables intérieures, des centres nodaux de marchandises et de voyageurs.

L'objectif premier d'EURET était de concevoir une méthode coordonnée d'évaluation des projets d'infrastructure qui tienne compte des spécificités des régions périphériques de la Communauté et des pays de transit. Les études ont été menées en 4 phases :

1. Analyse des méthodes existantes (coût-avantages et multicritère).
2. Analyse des méthodes d'évaluation des critères existants.
3. Étude des critères à utiliser dans l'approche européenne.
4. Étude des méthodes de mesure à utiliser dans l'approche européenne.

Quoique EURET se focalise sur l'évaluation des projets, les rapports tracent un panorama complet des systèmes d'évaluation appliqués dans l'UE, un aperçu qui peut contribuer utilement à la définition d'une méthode européenne d'EES.

Quatrième programme cadre (1994–1998) de recherche sur les transports

Les recherches menées en application du quatrième programme cadre ont porté entre autres choses sur l'évaluation de la politique des transports. Elles constituent les ingrédients d'une approche socio-économique intégrée qui permet de comprendre les réseaux transeuropéens et d'en apprécier l'efficience, le fonctionnement et l'impact et aident à modeler la politique commune des transports en définissant les conditions environnementales, sociales et énergétiques auxquelles le développement d'une mobilité durable doit répondre. La mise au point de modèles et de méthodes appropriés a été un des champs de recherche prioritaires*.

Plusieurs actions de recherche menées dans le cadre du programme apportent leur pierre à l'édifice de l'évaluation (environnementale, spatiale et socio-économique) stratégique. Tel est le cas de celles qui portent sur :

– l'économie des systèmes de transport ;
– la compréhension du phénomène « mobilité » ;
– l'intégration des nouvelles technologies ;
– l'évaluation des politiques.

Cinquième programme 1998 – 2004 de la Commission pour une croissance compétitive et durable

Dans le domaine des transports, le programme veut avant tout promouvoir la mobilité durable et l'intermodalité dans le but de concilier à long terme l'augmentation de la demande de mobilité avec la nécessaire sauvegarde de l'environnement, de la sécurité et du cadre économique et social. Le programme propose d'articuler les recherches autour des trois axes suivants :

– mise en place d'un cadre réglementaire sûr reflétant les objectifs sociaux et économiques ;
– interopérabilité des infrastructures et limitation de leur accès à des moyens de transport attractifs, écologiques et efficients ;
– systèmes modaux et intermodaux de gestion de l'exploitation et de fourniture des services.

_____
* Commission européenne : Programme de travail « Transports » (1994).

- approche intégrée de l'évaluation des impacts des politiques menées dans le domaine des réseaux transeuropéens.

État des connaissances concernant l'EES des infrastructures de transport (DG VII, 1995)

Le rapport analyse les méthodologies existantes et l'expérience acquise en matière d'EES à l'intérieur et à l'extérieur de l'Union européenne. Il aborde les principaux aspects de l'EES, tels que les indicateurs, les méthodes, les modèles, le SIG, les exigences auxquelles les données doivent répondre et leur degré de disponibilité, et formule des recommandations générales concernant l'approche

L'évaluation environnementale stratégique

Figure 4. **Projet de cadre d'évaluation global pour l'EES des transports**

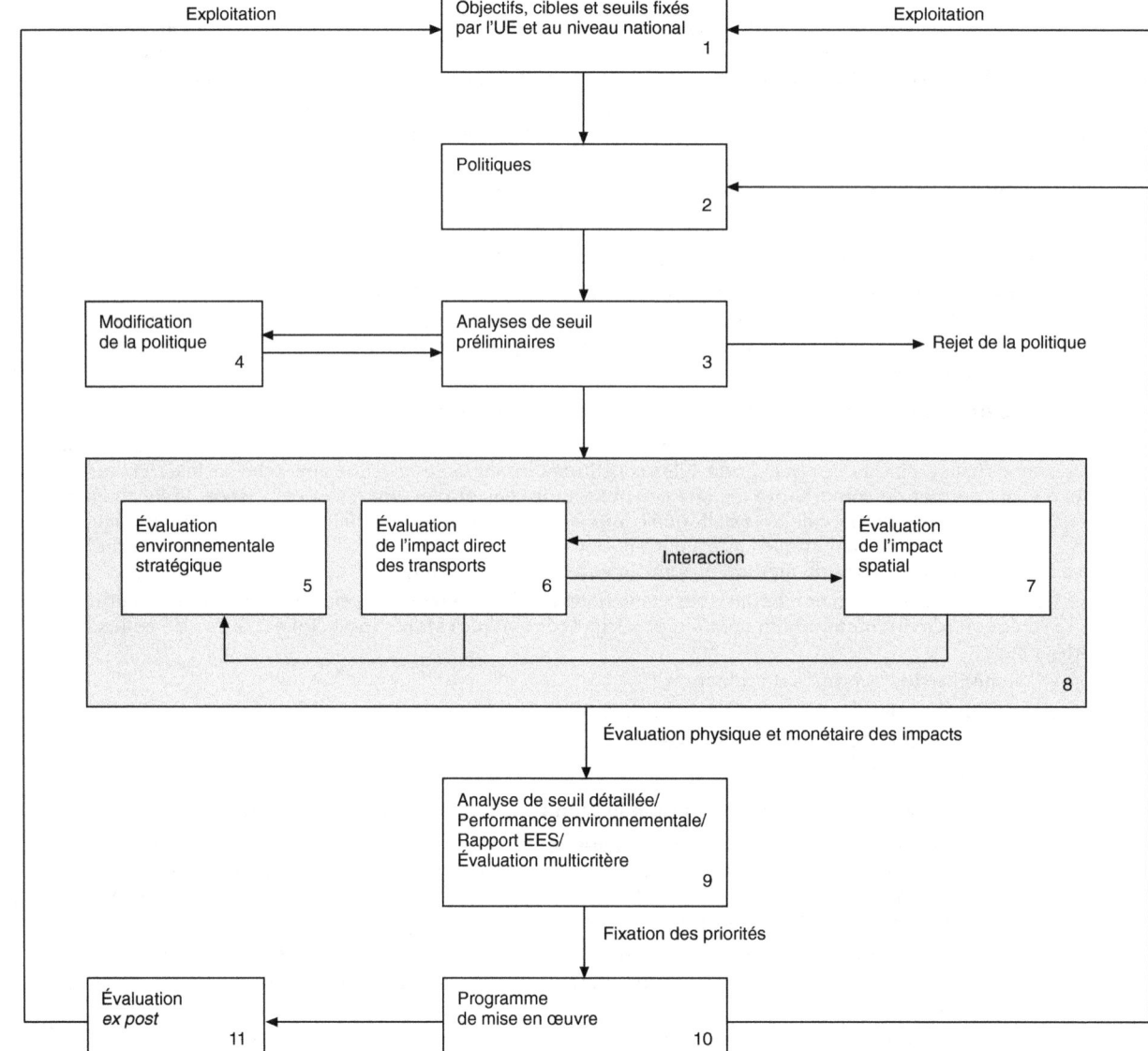

Source : Methodologies for transport impact assessment, Commission européenne, DG VII, 1995.

méthodologique de l'EES des réseaux transeuropéens. Il observe que les EES des transports restent à ce jour encore peu nombreuses et conclut, enfin, que l'évaluation coût-avantages et l'étude de l'impact des projets sur l'environnement ne conviennent pas pour évaluer l'impact des réseaux transeuropéens.

Le rapport recommande entre autres de définir une procédure d'EES stratifiée pour chaque phase et de l'accompagner d'un « manifeste pour l'EES », d'évaluer les objectifs de la politique commune des transports et du réseau transeuropéen de transport et de réaliser une EES des différentes configurations et des différents tracés envisagés pour les RTE et leurs corridors.

Le rapport, publié en 1995, s'étend sur quelques outils tels que les systèmes d'information géographique, les modèles de transport, les modèles stratégiques et les modèles environnementaux utilisables dans une EES pour conclure que :

- les SIG sont en théorie une pierre angulaire des EES, mais qu'il manque en pratique de données facilement exploitables,
- les modèles de transport seraient utiles s'ils étaient affinés,
- la méthode de construction des modèles ferroviaires recueille une très large adhésion,
- les modèles d'utilisation des sols, de pollution atmosphérique et de nuisance acoustique sont soit inadéquats, soit trop embryonnaires.

Groupe de travail « Autoroutes », action AIRE (DG VII, 1994)

Le groupe de travail « Autoroutes » du Comité des infrastructures de transport de la DG VII a présenté une proposition concernant l'intégration de l'EES dans le processus de planification. Il y souligne que les scénarios pour les réseaux routiers transeuropéens seront analysés dans le cadre d'une approche multimodale et propose une approche par scénarios représentant un nombre limité d'options sur le plan des infrastructures.

B.3. EES *et cadres d'évaluation*

L'EES peut servir d'assise à l'évaluation ou l'analyse d'une politique au plus haut niveau.

SAMI (*Méthode d'évaluation stratégique de l'interaction des instruments de la politique commune des transports*)

Le projet SAMI a pour objet premier de définir une méthode d'évaluation intégrée de la politique commune des transports. SAMI recourt à des techniques d'analyse multicritère pour construire des modèles d'aide à la décision utilisables pour évaluer des politiques. Il vise pour ce faire à pénétrer les objectifs de la politique commune des transports, à trouver des indicateurs quantifiables et à évaluer les possibilités de synergie ou risques d'antagonisme qu'ils présentent, à élaborer une méthode informatisée d'évaluation, à clarifier les conditions de mise en œuvre de la politique commune des transports au niveau européen ainsi que ses retombées sur les PECO et les pays de la CEI et à préparer un petit guide ou manuel d'évaluation stratégique des politiques au niveau européen.

TENASSESS (*Évaluation des réseaux transeuropéens et de la politique commune des transports*)

Le but de ce projet est de mettre au point une méthode d'évaluation des politiques des transports qui permette d'évaluer, comme cela se fait normalement dans une évaluation stratégique, toutes les options envisageables, par exemple les différentes infrastructures ou catégories de services de transport vers lesquelles les investissements peuvent être canalisés. Il procédera également à une évaluation globale de la politique commune des transports et formulera, dans la foulée, des recommandations susceptibles d'en faciliter l'affinement et la mise en œuvre. Six études de cas serviront à mettre la méthode à l'épreuve.

CODE – TEN (*Évaluation stratégique des corridors des réseaux transeuropéens – Amélioration et extension aux PECO et aux pays de la CEI*)

CODE – TEN applique la méthode mise au point pour TENASSESS aux PECO et aux pays de la CEI en la focalisant sur les corridors. CODE – TEN procédera également à une évaluation globale de la politique commune des transports et formulera, dans la foulée, des recommandations susceptibles d'en faciliter l'affinement et la mise en œuvre. Six études de cas serviront à mettre la méthode à l'épreuve.

Le projet tente de remarier quatre champs de recherche, à savoir la macro-économie, l'économie régionale et l'utilisation des sols, les transports et l'environnement, en intégrant les modèles relatifs à ces quatre domaines en un modèle unique de la dynamique des systèmes qui doit permettre de réaliser une analyse stratégique de la politique commune des transports et des réseaux transeuropéens.

L'aménagement des corridors de ces réseaux appelle à la réalisation de projets de grande envergure dont les impacts justifient de toute évidence une EES. Les dispositions législatives nationales et communautaires relatives à l'environnement et à la sécurité ainsi que les politiques nationales et commune des transports constituent les points de référence du processus d'évaluation.

Le rapport analyse les méthodologies existantes et l'expérience acquise en matière d'EES à l'intérieur et à l'extérieur de l'Union européenne. Il aborde les principaux aspects de l'EES, tels que les indicateurs, les méthodes, les modèles, le SIG, les exigences auxquelles les données doivent répondre et leur degré de disponibilité. Des recommandations générales concernant l'approche méthodologique de l'EES des réseaux transeuropéens devront être formulées dans le rapport final.

ASTRA (*Évaluation des stratégies de transport*)

Le projet tente de remarier quatre champs de recherche, à savoir la macro-économie, l'économie régionale et l'utilisation des sols, les transports et l'environnement, en fondant les formes traditionnelles de modélisation associées à ces quatre domaines en une formule unique pour ne plus avoir qu'un modèle unique de la dynamique des systèmes. ASTRA sert à réaliser une analyse stratégique des effets à long terme de la politique commune des transports de l'Union européenne ainsi que des RTE. ASTRA comprend des modules pour l'évaluation des politiques et donne des indicateurs pour la modélisation d'un développement durable.

B.4. EES *et élaboration de scénarios alternatifs*

Afin de lever les incertitudes inhérentes à la quantification des impacts prévisibles des stratégies, il importe d'envisager, et d'évaluer, plusieurs options parce que la comparaison de leurs impacts permet de choisir celle qui est la plus prometteuse.

STREAMS (*Recherche stratégique pour les États membres de l'Union européenne*, 1999)

Ce projet tend vers l'élaboration d'une méthode, son application et sa mise à l'essai dans un modèle opérationnel en vue de construire des scénarios de base pour le développement des transports en Europe. Il veut traduire dans les faits les résultats des recherches les plus récentes menées sur la modélisation des stratégies de transport afin de trouver une méthode fiable d'aide à la prise de décision dans le domaine de la politique européenne des transports. Il vise, enfin, à construire et étalonner un modèle de prévision de l'évolution des structures de mobilité ainsi que des flux de transport de voyageurs et de marchandises pour toute l'Europe.

SCENARIOS (*Scénarios des réseaux transeuropéens*, 1998)

Le projet vise à élaborer des scénarios de RTE pour l'Europe entière (y compris les PECO et les pays de la CEI). Il fait l'inventaire des principaux déterminants du système de transport, à savoir la démographie, les structures spatiales, les coûts, les structures de mobilité, le développement technologique et la politique des transports. Il a notamment pour objectif premier de construire un modèle de conception de scénarios permettant de bâtir un scénario de référence utilisable par différentes équipes de chercheurs.

POSSUM (*Scénarios pour une mobilité durable*)

Cette action de recherche, consacrée à l'élaboration de scénarios et à la définition de critères garants d'une mobilité durable, doit déboucher sur la mise au point d'un ensemble de scénarios susceptibles d'aider à la prise de décision concernant la politique commune des transports et les réseaux transeuropéens. L'évaluation couvrira les États membres de l'Union européenne, les PECO et les pays de la CEI. Le projet présentera plusieurs scénarios représentant un large éventail de situations futures, tracera le chemin à parcourir pour passer de la situation d'aujourd'hui à celles qui sont décrites dans les scénarios, définira les diverses actions envisageables et précisera les moments où les grandes décisions devront être prises.

B.5. Outils de l'EES

La panoplie des outils d'évaluation utilisables dans les EES ne cesse de s'enrichir, mais il importe de mettre ces outils au service d'une procédure d'EES rigoureuse pour pouvoir mesurer toute la signification des résultats des différents modèles et des différentes méthodes mis en œuvre.

COMMUTE (*Technique commune d'évaluation de l'impact des différents modes de transport sur l'environnement*)

Ce projet a pour but de développer une méthode novatrice, globale et reproductible d'évaluation de l'impact des opérations de transport et de l'évolution des systèmes de transport sur l'environnement et examine entre autres les aspects liés à la sécurité générale et aux risques. Il met l'accent sur les aspects multimodaux et intermodaux de l'évaluation des impacts dans le cadre de l'extension et de l'amélioration des réseaux transeuropéens de transport.

Fondé sur des densités de mesures relativement faibles, COMMUTE pourrait servir à évaluer l'impact sur l'environnement aux niveaux européen, national et local. Les données relatives au trafic proviennent toutefois de modèles de transport qui les produisent sous la forme de flux de transport et d'autres paramètres apparentés. COMMUTE permet de calculer les émissions et la consommation d'énergie des transports par route, par fer et par air et d'évaluer l'impact du bruit ainsi que l'impact sur la sécurité.

MEET (*Méthode d'estimation des émissions de polluants atmosphériques produites par les transports*)

Le projet a pour but de constituer une base de données relatives aux coefficients d'émission de tous les modes de transport et de concevoir des modèles utilisables pour estimer les émissions de polluants atmosphériques produites par les transports. Les résultats de ce projet alimentent le projet COMMUTE.

MEET a fourni des données de base à jour concernant le module de calcul des émissions (appelé COPERT: *Computer Programme to Calculate Emissions from Road Transport*)[48]. Ceci fut utilisé dans *Auto-Oil Programme 2* (AOP2), une initiative régulatrice de la CE ayant pour but d'améliorer la qualité de l'air en s'intéressant aux émissions des voitures et camions des particuliers, ainsi que la qualité de l'essence et du diesel. Les données de MEET furent utilisées particulièrement pour mettre à jour les chiffres relatifs aux émissions supplémentaires lors de démarrage à froid, à l'incidence sur les émissions de l'inspection et de l'entretien, et pour prévoir les effets sur les émissions d'une législation future, etc. Les facteurs d'émissions de base ne sont que partiellement basés sur MEET (il existe cependant des facteurs d'émission de base plus à jour qui n'ont pas été utilisés dans le AOP2)[49].

ECOPAC

Ce projet vise à élaborer une nouvelle méthode d'évaluation des impacts socio-économiques et spatiaux de la politique commune des transports et des réseaux transeuropéens.

COST 341 (*Fragmentation des habitats causée par les infrastructures de transport*)

La linéarité des infrastructures de transport se traduit par la partition et parfois aussi l'enclavement d'habitats et d'espèces sauvages. L'action a pour double objet de préserver la biodiversité et de réduire le nombre d'accidents subis par les véhicules ainsi que des morts d'animaux sauvages dont ils s'accompagnent. Elle vise à dresser l'inventaire de ce qui se fait de mieux en matière de méthodologie, d'indicateurs ainsi que de techniques et de procédures utilisables pour éviter, tempérer ou corriger les effets dommageables des infrastructures de transport sur la protection de la nature. Toutes ces informations seront réunies dans un manuel destiné aux décideurs communautaires et nationaux, à la communauté scientifique et technique, aux ONG et au grand public.

Action COST 328 (*Méthodes d'évaluation des réseaux transeuropéens*)

Cette action a pour but de rechercher les meilleures méthodes d'évaluation socio-économique des réseaux de transport européens (l'accent étant mis sur l'interopérabilité et l'interconnexion des réseaux) et d'expliciter le rôle des opérateurs de transport. Elle tente de transcender les méthodes classiques (ACA et AMC) en fixant des indicateurs de performance des réseaux. Elle doit pour l'essentiel déboucher sur :

- la définition d'un cadre d'évaluation adapté à la politique européenne des transports ;
- la formulation d'orientations déduites des conclusions des études de cas ;
- l'esquisse d'une bonne politique d'évaluation du développement des réseaux transeuropéens.

COST 319 (*Estimation des émissions polluantes des transports*)

Complémentaire du projet MEET, cette action de recherche doit fournir des outils d'estimation des émissions produites par les transports urbains.

COST 317 (*Effets socio-économiques du tunnel sous la Manche*)

Le but de cette action est d'identifier le lien qui peut exister entre la réalisation de grands projets d'infrastructure de transport (le tunnel sous la Manche) et les changements socio-économiques observés alentour et de proposer, si possible, une méthode de détection et d'évaluation de ces changements.

B.6 EES *et évaluation des nouvelles technologies*

L'utilisation des nouvelles technologies est une des options envisageables dans les scénarios de plans et de programmes qui revêt beaucoup d'importance, et doit par conséquent être évaluée, parce qu'elle pourrait rendre la construction de nouvelles infrastructures moins nécessaire.

EMARC (*Règles MARPOL et déchets produits par les navires*)

Cette action de recherche vise à évaluer la situation dans le domaine de la production de déchets, sous toutes leurs formes, par les navires et d'examiner les systèmes actuels et futurs de gestion de ces déchets à bord et à terre. Le rôle joué par les règles MARPOL et leur influence sur ces deux catégories d'activité seront également évalués. Les résultats de l'analyse des bases de données serviront à modéliser les changements environnementaux induits par l'amélioration des technologies et l'extension du champ d'application des règles MARPOL.

FANTASIE (*Évaluation des nouvelles technologies et questions d'environnement*)

Le projet FANTASIE passe en revue les nouvelles technologies et les recherches technologiques qui devraient le plus influer sur les systèmes de transport de l'Union européenne et aider à atteindre les objectifs de la politique commune des transports. L'exercice oblige à supputer les résultats des recherches appliquées menées partout dans le monde et à prendre tous les modes et toutes les techniques de transport en considération.

Le projet fait l'inventaire des méthodes d'évaluation des initiatives stratégiques prises dans le domaine des transports. Il esquisse une méthodologie intégrée de l'évaluation qui inscrit l'impact sur l'environnement, les impacts spatiaux et l'impact direct sur les transports, mesuré quant à lui par des procédés plus classiques, dans un cadre cohérent. Le rapport se divise en cinq parties :

- transport et développement régional ;
- effets socio-économiques ;
- effets environnementaux et viabilité des politiques de transport ;
- cadres d'évaluation des initiatives politiques dans le domaine des transports ;
- approche intégrée de l'évaluation des politiques menées dans le domaine des réseaux transeuropéens.

C. OCDE : Recherche sur les transports routiers

L'OCDE a publié, en 1994, un rapport intitulé « Évaluation de l'impact des routes sur l'environnement ». Dans un chapitre consacré à l'EES, le rapport analyse les pratiques et les procédures en vigueur dans plusieurs pays et formule des recommandations en vue de l'établissement d'une structure d'évaluation de l'impact des PPP dans le secteur des routes et des transports. Le rapport aboutit à la conclusion suivante :

« La manière dont l'application de l'évaluation de l'environnement, au niveau des politiques, plans et programmes, affectera le résultat des projets et autres mesures/actions n'est pas encore bien connue. Dans plusieurs pays, une attention générale est donnée aux problèmes d'environnement et elle a résulté en plus de projets de voies de contournement, en plus de limitations de trafic et en plus de mesures de protection de l'environnement à l'intérieur du secteur routier. L'augmentation des ressources pour les investissements dans le chemin de fer n'est probablement pas le résultat de l'EES formelle. Cependant, l'EES est un concept qui révèle un potentiel d'efficacité et de préoccupation accrues pour l'environnement dans les politiques générales et le choix des actions. On peut s'attendre à la poursuite de la mise en œuvre de l'EES dans les pays de l'OCDE. »

L'encadré 12 présente le contenu possible du document d'EES pour le plan stratégique route/transport.

Encadré 12.   Document d'EES

Contenu possible :

– objectif et besoin ;
– description des actions proposées, y compris les variantes « zéro » et autres ;
– description de l'environnement existant pertinent pour la planification du système ;
– description du risque d'effets notables du plan proposé (pertinent pour la planification du système), y compris l'information sur la manière dont les effets sur l'environnement ont été examinés pour les variantes (réalisation des objectifs environnementaux) ;
– principes d'insertion recommandés ;
– information sur les méthodes d'évaluation utilisées ;
– information sur la « problématique » ou formulation antérieure politique ;
– information sur les lacunes dans les connaissances et les incertitudes importantes ;

Source : OCDE, 1994.

5. CONCLUSIONS ET RECOMMENDATIONS

L'EES est un processus itératif qui postule dans l'idéal la continuité de la communication entre tous les acteurs du processus décisionnel, c'est-à-dire les fonctionnaires, les experts compétents pour le secteur et les questions d'environnement et le public.

A. Diffusion de l'information et formation

L'expérience montre que l'EES n'a encore qu'une incidence limitée sur le processus décisionnel, mais a, en revanche, le grand mérite de faire dialoguer tous les participants au processus de planification sur les questions d'environnement.

L'efficacité de ce dialogue et de la formation dans le domaine de l'EES est fonction d'abord de la valeur des informations pratiques et de la documentation disponibles et ensuite de la qualité de la formation de tous les acteurs intervenant dans le processus d'EES. A cet égard, les actions décrites dans les paragraphes qui suivent seront importantes.

1. **Création d'un forum international ou organisation de séminaires** où toutes les parties concernées peuvent se rencontrer pour discuter des progrès de l'EES dans les transports. La Commission européenne joue déjà un rôle important sur le plan de l'organisation d'ateliers.

2. **Organisation d'ateliers** internationaux, nationaux ou régionaux de formation à l'intention des fonctionnaires (des ministères et autres organismes compétents), des experts, des ONG et des profanes. Il est absolument nécessaire de mettre au point du matériel didactique et des manuels traitant de toute la gamme des processus et méthodes d'EES.

3. **Amélioration de la coordination de la recherche menée et des initiatives prises dans le domaine de l'EES.** La présente étude démontre, à l'instar de plusieurs autres, que l'application de l'EES dans les transports fait l'objet d'une multitude de projets de recherche lancés par diverses organisations à divers niveaux (régional, national, international). La discrétion dont ces initiatives restent entourées se traduit cependant par des doubles emplois fréquents. L'amélioration de la coordination du programme de recherche et de l'échange d'informations (avec par exemple la mise sur pied d'une base de données relatives à ces initiatives qui soit facilement accessible) rendrait la recherche méthodologique beaucoup plus productive et accélérerait la mise en œuvre pratique de l'EES.

B. Surmonter les obstacles institutionnels

4. Il existe des obstacles institutionnels et politiques à la mise en œuvre de l'EES dans le secteur du transport. Ces problèmes sont encore plus graves pour les EES concernant le transport multimodal, qui exigent une coopération entre les administrations responsables des routes, des chemins de fer, de l'aviation, etc., et pour les approches multinationales. Il conviendrait de mieux informer toutes les administrations concernées des principaux objectifs de l'EES, et de renforcer la coopération interinstitutionnelle (nationale et internationale).

C. Évaluation de l'impact de la politique des transports sur l'environnement

L'EES reste à l'heure actuelle cantonnée aux plans et aux programmes dans le secteur des transports (comme d'ailleurs dans la plupart des autres). Pour faire passer la viabilité économique du stade des principes à celui des faits, l'EES doit toutefois être réalisée au stade le plus précoce possible de la définition de la politique à suivre. Il est évident que cette évaluation requiert alors une approche spécifique et une méthodologie appropriée, et on peut en trouver un certain nombre d'exemples aux Pays-Bas, au Danemark, au Royaume-Uni (la publication sera publiée prochainement[50]) et en Finlande. Même si l'adoption de règles nationales ou internationales en la matière paraît pour le moment encore irréalisable, il n'en reste pas moins nécessaire d'essayer de faire avancer les choses.

5. Il convient de **dresser un inventaire des systèmes et méthodes existants d'évaluation environnementale stratégique des politiques des transports (entre autres)** qui fasse la distinction entre les systèmes obligatoires et les systèmes volontaires ainsi qu'entre les cas dans lesquels l'EES doit ou peut simplement être effectuée, qui soit attentif au degré de participation du citoyen, qui soit conçu dans une optique de suivi et qui indique comment les conclusions des évaluations peuvent être exploitées dans un processus décisionnel à haut niveau.

6. Il y a lieu de réaliser des **EES pilotes** dans certains ministères des transports ou organismes nationaux ou internationaux de transport. Il faudrait pour ce faire d'abord étudier où et comment l'EES peut le mieux être introduite dans le ministère ou l'organisme en cause (compte tenu de la structure de son organisation et de ses procédures), mettre au point ensuite une procédure ou méthode d'EES appropriée et, enfin, mesurer l'efficacité du système. Ces expériences pilotes pourraient compléter les travaux de recherche réalisés par la Commission européenne dans le domaine de l'évaluation stratégique de la politique commune des transports. La formule des projets pilotes a également été adoptée par la Commission européenne, qui a ainsi notamment cofinancé le projet danois de mise au point d'un système d'EES pour les projets de loi.

7. La Commission européenne a par ailleurs conçu des **méthodes d'EES des politiques** et organisé des **ateliers de formation** à l'intention de ses directions générales responsables de politiques importantes telles que la politique des transports. Ces initiatives, prises en réponse aux injonctions du traité d'Amsterdam, devraient en susciter d'autres de même nature aux niveaux national et régional.

D. **Amélioration des objectifs et des indicateurs de durabilité**

8. La première chose à faire pour intégrer le concept de durabilité dans le processus d'EES est de **fixer clairement les objectifs à atteindre et de choisir les indicateurs de réussite correspondants.** Ces indicateurs doivent varier selon les besoins auxquels l'évaluation doit répondre aux différents niveaux de la planification (politique, plan et programme). Dans l'idéal, ces indicateurs devraient être non seulement économiques, mais aussi logistiques, sociaux et environnementaux. Plusieurs jeux d'indicateurs ont déjà été établis ou pourraient être rapidement incorporés dans l'EES. Il faut veiller à coordonner les travaux avec ceux qui sont menés dans d'autres enceintes internationales, étant donné notamment qu'il est nécessaire de soutenir les stratégies prévues par l'Action 21[51]. L'EES peut tirer parti du processus de l'Action 21 en adoptant les indicateurs de contrainte et d'état définis pour l'observation du développement durable (Gühnemann, 1999). Plusieurs exercices de définition d'indicateurs de développement durable ont été entrepris au niveau national ou international et l'UE, l'OCDE, la Banque mondiale, SCOPE, UNSTAT, EUROSTAT et le WWF peuvent se targuer d'avoir déjà fait largement progresser les choses. Toutefois, la définition des objectifs varie considérablement d'un pays à l'autre, ce qui peut constituer un obstacle à une EES internationale (Dom, 1999). Les États membres de l'Union européenne sont en train de se mettre d'accord sur l'utilisation des indicateurs TERM dans le secteur des transports (*cf.* annexe 3) et il faudrait maintenant que l'accord se fasse aussi, à l'échelon international (parmi les pays Membres de l'OCDE par exemple), sur les indicateurs à utiliser et les objectifs à atteindre en matière d'évaluation des projets de financement.

E. **Élévation de l'EES au rang d'outil d'analyse stratégique de la viabilité économique**

9. Pour que la défense de l'environnement puisse occuper toute la place qui lui revient dans le processus décisionnel, les conclusions d'une EES doivent être mises sur le même pied que celles des

évaluations financières et socio-économiques. Tout le monde s'accorde à dire dans les enceintes internationales qu'à long terme, le mieux semble être d'intégrer tous les instruments économiques, sociaux et environnementaux dans un seul et même processus. Cela peut se faire soit en élargissant le champ de l'EES jusqu'à lui faire prendre en compte les impacts socio-économiques, soit en imaginant des processus distincts d'évaluation étroitement et optimalement liés les uns aux autres. L'exercice requiert la mise au point de méthodes et de modèles d'EES qui permettent de déterminer l'importance relative à accorder à l'impact sur l'environnement, aux retombées socio-économiques et à l'incidence sur les investissements et à les mettre en balance avec les objectifs poursuivis en termes de durabilité. Si ce bilan d'ensemble n'est pas établi, il y a fort à craindre que l'EES reste à l'avenir un exercice presque purement théorique. L'évaluation combinée de tous les effets d'une action proposée, qu'elle fasse partie d'une EES ou lui soit parallèle, revêt une importance déterminante pour la qualité du processus de planification.

F. Méthodologie

Cet inventaire des recherches en cours montre que la méthodologie de l'EES dans les transports fait l'objet de très nombreuses recherches, notamment à la Commission européenne. Il n'en reste pas moins nécessaire de pousser plus avant l'analyse de certaines questions.

10. **Mise au point d'une large gamme de méthodes** : le choix des méthodes et outils d'EES doit être dicté par le contexte national ou régional, les processus de planification appliqués, la disponibilité des données, l'objectif de l'action stratégique et le niveau politique de l'action. Il ne semble donc ni possible, ni souhaitable de se limiter à une méthode unique valable dans tous les cas. L'optimisation de plusieurs méthodes et outils différents doublée d'une large diffusion de ces informations paraît, partant, être une option plus réaliste. Souplesse et adaptabilité doivent rester les maîtres mots des systèmes d'EES.

11. Il est indispensable d'approfondir les recherches menées depuis peu dans le domaine :
    - de l'évaluation des impacts cumulés. Les États-Unis et le Canada se sont beaucoup occupés de cette question ;
    - de l'évaluation du développement induit par les infrastructures de transport ;
    - de l'analyse du cycle de vie. Les Pays-Bas et quelques autres pays font de cette analyse un outil de l'EES. Dans le secteur des transports, l'intégration de l'analyse du cycle de vie dans l'EES pourrait apporter des solutions intéressantes, notamment pour les comparaisons intermodales ;
    - de la nature des processus d'EES actuellement connus, de leur imbrication dans les procédures de planification ainsi que de leur incidence sur ces procédures en évitant de se braquer sur les méthodes et les outils qui ne constituent qu'un élément de tout le processus d'évaluation ;
    - de la capacité de l'EES à a) donner des objectifs durables aux politiques, plans et programmes ainsi qu'à b) resserrer les liens de collaboration entre les autorités responsables des questions d'environnement, d'une part, et de développement, d'autre part, et à intensifier la participation des acteurs ;
    - du développement de données et de techniques harmonisées pour permettre une EES de politiques internationales. La pratique d'EES internationale pourrait même induire une optimisation des données (Dom, 1999).

12. Il est également urgent de prêter attention au rôle de la participation du citoyen et de sa consultation dans le cadre de la planification stratégique, et à la façon de répondre aux exigences des déclarations publiées à l'issue de réunions des Nations Unies, à Espoo et à Aarhus, dans le contexte de grands projets de transport[52].

G. Mise en pratique de l'EES

13. Les méthodes d'EES resteront toujours étroitement tributaires des cas dans lesquels elles sont utilisées étant donné qu'elles font dans une large mesure recours aux systèmes de planification

existants et sont fonction des données disponibles, mais l'expérience apprend que la pratique non seulement les valide, mais aussi les fait progresser. Les **études pilotes doivent donc compléter la recherche sur les méthodes**. Le fait que l'EES n'a pas encore atteint sa pleine maturité ne doit plus être considéré comme un obstacle à sa mise en œuvre, d'autant plus que la plupart des études montrent qu'il existe déjà toute une panoplie de méthodes et d'outils d'évaluation des PPP de transport.

14. Le soutien politique des gouvernements est nécessaire, à la fois pour que l'EES soit effectuée au moment opportun dans le cycle de planification, et pour garantir que ses conclusions jouent un rôle approprié lors de la prise d'une décision finale à propos d'une politique, d'un plan ou d'un programme.

15. Les gouvernements doivent veiller à dégager les moyens techniques et financiers suffisants pour que les autorités compétentes puissent trouver du personnel disposant de la formation et de l'expérience adéquates pour répondre à leurs besoins d'EES.

16. Il faudra déployer davantage d'efforts pour parvenir au moins à **coordonner** les évaluations économique, technique et environnementale, afin que les parties concernées soient parfaitement informées des types de solutions envisagées dans les différentes études. L'objectif devrait être de fournir aux décideurs une vue d'ensemble complète.

Les gouvernements doivent consacrer des efforts accrus à l'application de l'EES au niveau des politiques et au niveau législatif, tout autant qu'aux plans et aux programmes. Les gouvernements doivent veiller à ce que les EES soient réalisées parallèlement à la planification de la stratégie, et qu'elles soient effectuées par une équipe d'experts multidisciplinaire et représentant les diverses parties concernées, dans la perspective d'un examen objectif de la performance de la stratégie.

H. Stratégie d'EES pour les réseaux transeuropéens et le processus TINA

17. **Mise au point d'une stratégie itérative et souple d'EES pour les RTE, et notamment pour les corridors.** Il n'est à l'heure actuelle pas encore possible de dire avec certitude si la Commission entend toujours évaluer le RTE multimodal dans son ensemble ou optera plutôt pour une approche par corridors. Une analyse du réseau doit être la phase initiale d'un processus itératif d'EES qui devrait être étendu graduellement au niveau du pays, de la région et du corridor. Quoique l'établissement des schémas directeurs soit déjà bien avancé, plusieurs arguments de poids plaident encore en faveur d'une EES des réseaux :

    - l'EES des réseaux pourrait constituer la phase de présélection des projets pour les phases suivantes de la planification. Elle devrait mettre les principales contraintes en évidence et rassembler des informations qui permettent de sélectionner les régions et les corridors (ou faisceaux de corridors) à évaluer par priorité ;
    - l'EES des RTE facilitera la collecte de données environnementales utilisables pendant toutes les phases suivantes de la planification (niveau du pays, de la région, du corridor) ;
    - l'EES des réseaux contribuera puissamment à l'amélioration des méthodes et modèles existants. Les enseignements qui en sont tirés seront notamment très utiles pour l'évaluation des réseaux paneuropéens et d'autres politiques transnationales.

18. **Création d'un groupe d'experts en EES pour les réseaux transeuropéens.** L'EES ne se réduit pas à la seule application de techniques et modèles d'évaluation technique, mais implique aussi l'agencement de canaux efficaces de communication entre les différents acteurs du processus. Eu égard à l'extrême complexité du processus d'EES que réclament les RTE, la création d'un groupe d'experts garantissant la continuité du dialogue entre les fonctionnaires et les experts revêt une importance déterminante. Ce groupe pourrait se composer de représentants des diverses directions générales compétentes et de l'Agence européenne pour l'environnement ainsi que d'experts nationaux. Il devrait jouer un rôle actif et directeur dans toutes les phases de l'EES, c'est-à-dire dans :

    - l'identification des objectifs ;
    - la sélection préalable et le balayage des projets (en fonction de leur impact et des options envisageables) ;

- la coordination avec les autres recherches en cours (notamment le 4e programme-cadre) et les autres formes d'évaluation (évaluation socio-économique par exemple) ;
- l'analyse des résultats de l'EES ;
- l'échange d'informations et la diffusion des résultats ;
- l'organisation des consultations et de la participation des citoyens et l'assistance à ces activités ;
- le suivi.

19. **Définition précise des objectifs et des indicateurs pour chaque phase de la planification.** Les objectifs et les indicateurs formant l'essentiel du cadre de tous les systèmes d'EES, il faut, pour chacune des phases de la planification, définir et valider un ensemble d'objectifs et d'indicateurs clés (d'ordre environnemental, logistique et socio-économique). La définition d'objectifs régionaux et locaux, et l'élaboration de mécanismes permettant aux citoyens de participer à leur établissement, devront retenir particulièrement l'attention. Des recherches spécifiques sont requises pour la mise au point d'outils stratégiques dans le domaine de la définition des objectifs en matière de relations entre le transport et la modification du paysage.

20. **Constitution de bases de données intégrées.** L'EES ne peut s'appliquer aux RTE sans bases de données (relatives au transport et à l'environnement ainsi qu'à la situation économique et démographique) harmonisées au niveau européen. L'Agence européenne pour l'environnement a joué un rôle de premier plan dans ce domaine en créant une première base de données relatives aux infrastructures des RTE ainsi qu'aux caractéristiques écologiques et spatiales de leurs emprises qui permettra d'accélérer considérablement l'EES et d'en faire un instrument souple et efficace de décision. Cette base pourrait en outre épauler utilement (et accélérer) le développement de processus nationaux et régionaux d'EES.

21. **Formulation et évaluation des options envisageables.** Il semble judicieux d'évaluer les RTE dans le contexte plus large de toutes les mesures et de toutes les actions prioritaires proposées par la politique commune des transports pour promouvoir les modes de transport écologiques et les transports collectifs. La future EES des RTE devrait donc englober plusieurs scénarios dans lesquels il soit possible d'évaluer et de soumettre à une analyse de sensibilité non seulement l'impact de plusieurs réseaux et corridors de transport différents, mais aussi celui des modes de gestion de la demande de transport, des politiques tarifaires et de l'activité législative et réglementaire.

22. **Modélisation.** Il convient de mettre au point un modèle d'évaluation qui combine l'impact sur le trafic avec l'impact sur l'environnement et soit, si possible, lié à un SIG.

23. **Mise au point de procédures et liaison avec le processus décisionnel.** Il est à l'heure actuelle loin d'être établi dans quelle mesure les résultats d'une EES communautaire peuvent lier les États membres et quel pourrait être le lien entre une telle EES et une EES ou EIE nationale au niveau des projets. Le fait que les résultats des EES communautaires ne conditionnent pas pour le moment les financements communautaires limite considérablement leur portée. Cette situation juridique et procédurale devrait être clarifiée quand les orientations relatives aux RTE seront réexaminées.

24. **Consultation et participation publique.** Le livre blanc sur la politique commune des transports reconnaît que l'amélioration du bilan écologique du système communautaire de transport requiert la participation de tous les acteurs en présence. La discussion politique des RTE n'est jusqu'ici toutefois pas sortie du cercle des institutions communautaires, des autorités nationales et régionales, de l'industrie et des entreprises de transport. Il convient de concevoir une stratégie qui prenne également en compte les préoccupations de plus en plus nombreuses exprimées par les usagers, les groupes de défense de l'environnement et les collectivités locales[53]. La consultation devrait idéalement être entamée dès le démarrage d'une EES, c'est-à-dire au stade de l'identification des objectifs et de la définition de la portée écologique. Il va de soi qu'il y a lieu de ménager un juste équilibre entre les exigences de confidentialité, qui peuvent réellement être impérieuses aux niveaux stratégiques du processus décisionnel, et les besoins de consultation du citoyen.

25. Le processus TINA pourrait constituer un banc d'essai utile pour la mise au point de moyens pratiques d'intégration des résultats de l'EES et ceux d'autres critères d'évaluation préalable,

© CEMT 2000

permettant ainsi de fournir des avis concrets aux décideurs. La conduite d'EES portant sur des corridors inclus dans le réseau TINA pourrait être l'un des sujets principaux de futurs travaux dont les conclusions serviraient d'intrants au cadre d'évaluation préalable.

I. Lancement du processus d'EES pour les réseaux paneuropéens

26. Le processus TINA débouche sur l'émergence de plusieurs projets de corridors et d'infrastructures connexes axés sur la création d'un réseau reliant l'Union européenne aux PECO. L'EES peut contribuer à **donner une dimension intermodale** aux réseaux paneuropéens de transport et à **canaliser les moyens de financement par priorité** vers les projets les plus écologiques et les plus viables. Il est essentiel que les conséquences environnementales de la préférence et de la priorité accordées à certains segments du réseau soient prises en compte dès les premiers stades de la procédure.

27. L'EES du réseau paneuropéen doit, entre autres, être nourrie d'une **intensification des échanges d'informations** entre les groupes et les experts des PECO et de l'Union européenne ainsi que des formations évoquées ci-dessus.

J. Intégration de l'EES dans les mécanismes de financement

28. **Inclusion de l'EES dans les conditions de financement.** Les institutions financières internationales jouent un rôle capital dans le développement futur des systèmes nationaux et international de transport. Les questions d'environnement n'interviennent cependant comme critère d'octroi du financement qu'au niveau des projets (en ce sens qu'ils doivent faire l'objet d'une EIE). Il est fréquent que les projets financés fassent partie d'un programme de plus grande envergure dont l'impact peut être important. Il semble donc indispensable de faire de l'EES une des conditions du financement de ces programmes ou plans et de l'imposer comme phase préparatoire de l'approbation du financement des projets. La plupart des institutions financières ont compris la nécessité de l'EES et certaines (dont la Banque mondiale) en ont déjà fait réaliser dans certains domaines, notamment celui des transports. L'expérience pratique acquise en la matière reste dans l'ensemble toutefois peu étendue.

29. **Initiatives communes.** Les institutions financières internationales devraient être attentives aux avantages qu'un resserrement des liens de collaboration dans le domaine très prégnant des investissements dans le secteur des transports peut procurer. La réalisation de plusieurs évaluations stratégiques du secteur des transports dans les différentes régions où les institutions financières internationales ont l'intention d'investir pourrait mener à formuler des directives ou imaginer des mécanismes de détermination des ordres de priorité propres à orienter les programmes de prêt des institutions dans un sens favorable aux solutions écologiquement, socialement et économiquement durables. Porteuse de multiples avantages, cette conjonction des moyens permet notamment d'utiliser mieux et de façon plus économique les informations existantes relatives à l'impact des transports sur l'environnement de certaines régions ou de certains pays.

30. L'EES des **mécanismes de financement** doit bénéficier d'une priorité élevée, en particulier pour ce qui concerne les corridors transfrontaliers. La décision d'accorder un soutien financier devrait être liée aux résultats de l'EES. Les institutions financières internationales et la Commission européenne devraient étudier les moyens de joindre leurs efforts sur l'EES du secteur du transport dans les PECO.

NOTES

1. Législation nationale de la Finlande, des Pays-Bas et du Danemark, ainsi que législations régionales, par exemple en Toscane (Italie) ou en Castille et Léon (Espagne).
2. La Commission a adopté, en 1996, une proposition de Directive relative à l'évaluation des incidences de certains plans et programmes sur l'environnement (évaluation environnementale stratégique ou EES [COM(96)511 final]). En octobre 1998, le Parlement européen a achevé la première lecture de la proposition relative à l'EES. La Commission l'a modifiée en février 1999 et il est prévu que les négociations au niveau du Conseil se termineront à la fin de 1999 ou au début de l'an 2000.
3. Voir, par exemple : Article 6 du traité d'Amsterdam ; la Communication de juin 1998 de la Commission au Conseil européen sur une stratégie pour intégrer l'environnement dans les politiques de l'UE ; les dispositions arrêtées en 1993 par la Commission pour l'évaluation environnementale des plans, programmes et propositions législatives (SEC(93)785 final).
4. Règlement (CE) No 1260/1999 du Conseil du 21 juin 1999 portant sur les dispositions générales relatives aux Fonds structurels.
5. Agence européenne pour l'environnement (1999) *Towards a transport and environment reporting mechanism* (TERM pour l'UE – Parties 1 et 2. Rapports techniques de l'AEE).
6. Par politiques, il y a lieu d'entendre les politiques élaborées par les pouvoirs publics et non les engagements électoraux souscrits par des partis politiques.
7. Par exemple, le « Guidance Manual for Multi-Modal Studies » du ministère des Transports du Royaume-Uni, à paraître prochainement, et le « Highways Agency Guidance Manual on SEA for Multi-Modal Studies », qui sera publié en septembre 2000.
8. Par politiques, il y a lieu d'entendre les politiques élaborées par les pouvoirs publics et non les engagements électoraux souscrits par des partis politiques.
9. THERIVEL R. *et al.* (1992), Strategic environnemental assessment.
10. LEE N. et F. WALSH (1992), Strategic Environnemental Assessment: an Overview in Project Appraisal, volume 7, n° 3, sept. 1992.
11. D'après European Commission (1999) *Manual on SEA of Transport Infrastructure Plans*. Rapport préparé par DHV pour DGVII.
12. D'après University of Manchester (1995), EIA Leaflet series, Strategic environnemental assessment.
13. Ces corridors sont définis par le Manuel comme étant « les zones situées entre deux agglomérations, ports, aéroports ou autres pôles d'attraction du trafic entre lesquels des courants de trafic s'écoulent ».
14. Le Royaume-Uni a récemment lancé un programme d'études multimodales pour certains tronçons du réseau de routes principales qui prévoit une étude des conséquences environnementales.
15. Agence européenne pour l'environnement (1999) : État des progrès accomplis dans la marche vers l'intégration – Contribution à l'évaluation globale du cinquième programme d'action pour l'environnement ; rapport intérimaire établi par Environnemental Resources Management (31 mars 1999).
16. Banque Européennee pour la Reconstruction et le Développement (1993), Législations relatives à l'évaluation de l'impact sur l'environnement.
17. Voir le document de Rewinskii *et al.* 1999 : Major Environmental Problems of the Motorway Construction Programme : How EIA Can Help, Présenté à la Conférence OCDE-CEMT sur les ESIE pour le Transport, 14-15 octobre 1999; et Tracz : 1999 : Strategic Environmental Assessment of the Planned Network of Motorways and Expressways in Poland, présenté à la Conférence OCDE-CEMT sur les ESIE pour le Transport, octobre 1999.
18. Voir également annexe 2.
19. 4th Regional EIA Workshop of the Sofia EIA Initiative, Bratislava, 19-21 mai 1999.

© CEMT 2000

20. Source : *Transport SEA: A Nordic Perspective*, A. Jansson (1999), Finnish National Road Administration, présenté à la conférence « OECD/ECMT Conference on SEA for Transport, Warsaw », en octobre 1999, disponible sur le site Internet : *www.oecd.org/cem/topics/env/SEA99.htm*.
21. Source : *Transport SEA: A Nordic Perspective*, A. Jansson (1999).
22. Source : *SEA applied to Multimodal Corridors. Methodology developed by France: The Case of the North Corridor*, P. Scriabine (1999), SETRA, France, presenté à la conférence « OECD/ECMT Conference on SEA for Transport, Warsaw », en octobre 1999, disponible sur le site Internet : *www.oecd.org/cem/topics/env/SEA99.htm*.
23. Référence : ministère de l'Équipement, du Logement et des Transports (1992). L'axe A7-A9 à l'horizon 2010 – propositions intermodales.
24. Source : *Transport SEA: A Nordic Perspective*, A. Jansson (1999), Finnish National Road Administration, présenté à la conférence « OECD/ECMT Conference on SEA for Transport, Warsaw » en octobre 1999, disponible sur le site Internet : *www.oecd.org/cem/topics/env/SEA99.htm*
25. Source : *SEA of the Planned Network of Motorways and Expressways in Poland*, M. Tracz (1999), Cracow University of Technology, Pologne, pésenté à la conférence « OECD/ECMT Conference on SEA for Transport, Warsaw » en octobre 1999, accessible sur le site Internet : *www.oecd.org/cem/topics/env/SEA99.htm*
26. Référence : DHV Group (1996), Environmental Impact of Transport Policy in Slovenia.
27. Référence : Secretaría de Infraestructuras y Transportes del Ministerio de Fomento. (1999) Estudio del impacto acumulado de la línea de alta velocidad Madrid-Zaragoza-Barcelona-Frontera Frances, y las Autopistas R-3, M-45 y M-50 sobre la zona de especial protección para las aves No.142. Rapport SEO/BirdLife.
28. Source : *Transport SEA: A Nordic Perspective*, A. Jansson (1999), Finnish National Road Administration, présenté à la conférence « OECD/ECMT Conference on SEA for Transport, Warsaw » en octobre 1999, disponible sur le site Internet : *www.oecd.org/cem/topics/env/SEA99.htm*
29. Source : *SEA Guidance for Transport in the UK*, P. Tomlinson (1999), TRL, UK, présenté à la conférence « OECD/ECMT Conference on SEA for Transport, Warsaw » en octobre 1999, disponible sur le site Internet : *www.oecd.org/cem/topics/env/SEA99.htm*
30. Source : *SEIA in the Transportation Sector: The US Experience*, F. Skaer (1999), présenté à la conférence « OECD/ECMT Conference on SEA for Transport, Warsaw » en octobre 1999, disponible sur le site Internet : *www.oecd.org/cem/topics/env/SEA99.htm*
31. Bar S, Kraemer A, Smith (1998) Amsterdam and the Environnement – an analysis of the Treaty of Amsterdam and its effects on the environnemental policy of the European Union and its Member States. Rapport présenté à la Commission européenne.
32. CCE (1995), Proposition de directive du Conseil concernant l'évaluation des incidences sur l'environnement des plans et programmes (projet). Publié sous la forme de projet de directive sur l'ESIE [COM(99)73], en mars 1999. A sa réunion de décembre 1999, le Conseil des Ministres est parvenu à un accord politique unanime sur une position commune concernant ce projet. Après son adoption formelle à une prochaine réunion du Conseil, la position commune sera transmise au Parlement européen pour une seconde lecture, conformément à la procédure de codécision.
33. Pour plus d'informations, voir le site Internet de la Commission européenne : *http://www.europa.eu.int/comm/dg11/eia/sea-support.htm*
34. Extrait de la proposition du règlement (n° 6959/99) du Conseil du 6 avril 1999.
35. Commission des communautés européennes (1994), Proposition de décision du Conseil et du Parlement européen sur les orientations communautaires pour le développement du réseau transeuropéen de transport COM(94) 106 final, Bruxelles.
36. DGVII (1999), Manual on Strategic Environmental Assessment of Transport Infrastructure Plans. Préparé par DHV Consultants pour le compte de la Commission européenne, février 1999.
37. Commission des Communautés européennes (1990). Le réseau européen de trains à grande vitesse, Bruxelles.
38. M+R (1993), The European High Speed Train Network: Environmental Impact Assessment. Étude commanditée par la CCE – Direction générale Transports.
39. Banque mondiale (1999), Case Studies on Regional and Sectoral EA: An analysis of lessons learned. Rapport préparé par Environmental Resources Management pour la Banque mondiale.
40. Goodland, R et Mercier, J-R (1999), The Evolution of Environmental Assessment in the World Bank: from « Approval » to results. Banque mondiale, Environment Departments Papers, document n° 67.
41. BERD (1996), Environmental Procedures.
42. BEI (1997), Environmental Guidelines.
43. HELCOM PITF (1999) TASK 1: Review of the Existing Infrastructure Decision-Making Process at the IFIs in the Baltic Sea Region. Quatorzième session, Helsinki 18-19 mai 1999.

44. BEI (1996), La banque européenne d'investissement et l'environnement.
45. Vrom (1995), International Workshop on Environmental Assessment of Policies, La Haye, décembre 1994.
46. Lee, N. et Hughes, J. (1995), Strategic Environmental Assessment Legislation and procedures in the Community.
47. World Bank, 1999: Case Studies on Regional and Sectoral EA: An Analysis of Lessons Learned: A Report prepared by Environnemental Resources Management for The World Bank.
48. Pour plus d'information sur COPERT veuillez consulter les sites Internet suivants :
    http://www.eea.eu.int/Document/Techrep/tech05.pdf
    http://www.eea.eu.int/Document/Techrep/tech06.pdf
    Vous pouvez télécharger le programme à partir de l'adresse suivante :
    http://vergina.eng.auth.gr/mech/lat/copert/copert.htm
49. « European Commission, (1999) MEET Methodology for calculating transport emissions and energy consumption, Final summary MEET Report, ISBN 92-828-6785-4, p. 362, Luxembourg ».
    Tous les rapport techniques de MEET peuvent être téléchargés à partir d'Internet :
    http://www.inrets.fr/infos/cost319/index.html
50. GOMMMS et SEA Guidance Manual.
51. ONU (1993), Action 21, Programme d'action pour la mise en œuvre des principes énoncés dans la Charte de la Terre.
52. La Commission européenne (DGXI) finance actuellement une étude sur ce sujet. On trouvera des informations complémentaires sur le site web de la DGXI.
53. T&E, European Federation for Transport and Environment (1995): Ten Questions on TENs, Bruxelles.

Annexe 1

DISPOSITIONS RELATIVES À L'EES EN VIGUEUR EN EUROPE

Pays	Dispositions relatives à l'évaluation de l'impact des PPP sur l'environnement	Secteurs dans lesquels les dispositions s'appliquent
Allemagne	La plupart des lois fédérales se limitent aux projets. Les lois relatives aux domaines énumérés dans la colonne de droite obligent néanmoins à tenir compte des questions d'environnement. Par ailleurs, la procédure d'EIE adoptée par le gouvernement en 1975 ne se limite pas aux projets et s'est donc, jusqu'à un certain point, appliquée à certains PPP. Une certaine forme d'évaluation de l'impact des PPP sur l'environnement s'effectue dans des cas bien particuliers, au niveau des *Länder* et des municipalités.	Agriculture, industrie, transports, ressources hydriques, gestion des déchets, aménagement du territoire, protection de la nature.
Autriche	A l'heure actuelle, les PPP ne doivent pas vraiment faire l'objet d'une évaluation environnementale en bonne et due forme, mais plusieurs instruments de planification permettent de tenir compte des questions d'environnement dans plusieurs secteurs (voir colonne de droite). La loi de 1994 sur l'EIE ne porte que sur l'évaluation des projets.	Energie, transports, tourisme, ressources hydriques, gestion des déchets, aménagement du territoire, sylviculture.
Belgique	Les gouvernements régionaux prennent dans une certaine mesure l'impact sur l'environnement en considération dans différents secteurs, au niveau essentiellement des plans et des programmes (voir colonne de droite). Les lois belges relatives à l'EIE portent principalement sur l'évaluation des projets (sauf dans la région bruxelloise). La région flamande a adopté un nouveau décret dont certaines dispositions portent sur l'EIE des PPP.	Agriculture, extraction de gravier (Flandre). Energie et transports (Bruxelles). Ressources hydriques, gestion des déchets, aménagement du territoire (Bruxelles et Flandre).
Bulgarie	Les plans nationaux et régionaux d'investissement, les programmes régionaux et urbains ainsi que leurs adaptations et les plans de modification de l'occupation des sols établis pour certaines activités particulières doivent faire l'objet d'une étude d'impact sur l'environnement.	Plans nationaux et régionaux d'investissement, plans urbains et plans de modification de l'occupation des sols.
Danemark	La circulaire de 1993 du département du Premier ministre stipule que l'EES est obligatoire pour toutes les propositions gouvernementales qui ont des effets majeurs sur l'environnement (*cf.* Elling 1994). La plupart des lois en vigueur se limitent aux projets. Il existe toutefois depuis longtemps des dispositions qui imposent de tenir compte des effets sur l'environnement dans la préparation des plans d'aménagement du territoire et de certains autres PPP.	La procédure de 1993 s'applique à tous les secteurs.
Espagne	Il n'y a pas de forme réglementaire d'EES au niveau national et les lois en vigueur se limitent aux projets. L'évaluation de l'impact des PPP nationaux sur l'environnement, pour autant qu'elle se fasse, reste limitée, sauf dans les cas à forte dimension spatiale ou directement liés aux secteurs environnementaux. Sept des 17 régions autonomes ont introduit dans leurs lois relatives à l'EES des dispositions imposant l'évaluation de l'impact de certains PPP sur l'environnement (pour les secteurs, voir colonne de droite). L'Espagne envisage d'imposer à l'avenir l'évaluation de l'impact des plans et programmes sur l'environnement, au niveau de pouvoir approprié, dans les secteurs de l'agriculture, de la sylviculture, de l'énergie, des ressources hydriques, de l'industrie, des transports, du tourisme, de l'aménagement du territoire et du développement des régions côtières.	Aménagement du territoire (5 régions). Gestion des déchets (3 régions). Agriculture (2 régions). Transports, industrie, énergie et tourisme (1 région). Sylviculture, protection de la nature, gestion des ressources minières et infrastructures.

© CEMT 2000

Pays	Dispositions relatives à l'évaluation de l'impact des PPP sur l'environnement	Secteurs dans lesquels les dispositions s'appliquent
Finlande	Un arrêté du gouvernement et une décision du Conseil d'État obligent à estimer sommairement l'incidence des PPP nationaux sur l'environnement dans tous les secteurs. Il est de même obligatoire de tenir compte des questions d'environnement dans les plans et programmes régionaux qui peuvent avoir un impact significatif sur l'environnement. Plusieurs lois sectorielles récentes relatives à l'aménagement du territoire et à la gestion des déchets définissent des obligations plus spécifiques. Par ailleurs, la loi sur l'EIE de 1994 impose cette évaluation pour tous les plans et programmes qui peuvent avoir un impact considérable sur l'environnement.	Tous les secteurs au niveau national. Obligations spécifiques pour le développement régional, l'aménagement du territoire et la gestion des déchets.
France	Les lois actuelles confinent généralement l'EIE aux projets et, jusqu'à il y a peu, à quelques plans locaux d'aménagement du territoire. En vertu d'une décision du Parlement français, il faut toutefois depuis 1990 apporter la preuve que les lois soumises au Parlement sont écologiquement saines et viables. Un décret de 1993 impose également, dans certaines circonstances, l'adjonction d'une « fiche environnementale » aux programmes. Des dispositions moins formelles en matière d'évaluation de l'impact sur l'environnement s'appliquent à un large éventail de PPP. L'extension éventuelle de procédures plus formelles d'EES a fait l'objet de plusieurs études (ministère de l'Environnement, 1994, et Falque, 1995 à paraître).	Des procédures formelles d'EIE s'appliquent à certains plans d'aménagement du territoire. Des dispositions moins spécifiques s'appliquent dans de très nombreux autres domaines.
Grèce	Les lois en vigueur se limitent aux projets. L'évaluation de l'impact des PPP sur l'environnement reste embryonnaire dans la plupart des secteurs. Les auteurs n'ont pas reçu d'informations sur l'évaluation de l'impact des plans et programmes financés par l'UE sur l'environnement.	Pas d'informations.
Hongrie	La loi de 1995 sur la protection de l'environnement constitue la base juridique de l'EES. Elle rend l'EES obligatoire pour les plans socio-économiques, les décisions à impact régional, les règlements liés à la protection de l'environnement et les règlements susceptibles d'influer sur les médias environnementaux, la qualité de l'environnement et la santé, dans la mesure où elle est conditionnée par l'environnement.	Plans socio-économiques, mesures économiques affectant la protection de l'environnement et les règlements écologiques.
Irlande	Un arrêté du gouvernement de 1978 définit les procédures de prise en compte de l'impact sur l'environnement à appliquer en élaborant des PPP, mais les auteurs n'ont pas pu obtenir d'informations au sujet de leur mise en œuvre concrète. Les collectivités locales sont tenues de se préoccuper de l'environnement quand elles élaborent des plans de développement ou certains autres plans.	En principe tous les secteurs sont concernés au niveau national, ainsi que l'aménagement du territoire, la gestion des déchets et qualité de l'eau au niveau régional.
Italie	Il n'y a pas de forme réglementaire d'EES au niveau national et les lois sur l'EIE se limitent à certaines catégories de projets. L'article 2 de la loi 349/86 habilite en principe le ministre de l'Environnement à évaluer l'impact de certains plans nationaux sur l'environnement, mais ces dispositions ne sont guère appliquées dans la pratique. Une certaine forme d'évaluation de l'impact sur l'environnement est prévue dans le processus de planification d'un petit nombre de secteurs, mais cela ne va pas loin dans le cas par exemple de certains plans d'aménagement du territoire ou autres plans énergétiques. Quelques régions ont incorporé des dispositions relatives à l'évaluation de l'impact de certains PPP sur l'environnement dans leurs lois régionales sur l'EES et l'aménagement du territoire (loi n° 5 de la région de Toscane du 18 janvier 1995). Deux projets de loi, conçu l'un pour le niveau national et l'autre pour celui des régions, proposent formellement d'étendre l'EIE aux plans et aux programmes dans les secteurs couverts par la directive 85/337/CEE.	Les informations manquent, mais la plupart des secteurs pour lesquels il existe des PPP ont quelques dispositions (de portée souvent limitée) pour l'EIE.
Luxembourg	Les lois en vigueur concernent pour la plupart l'EIE des projets.	
Norvège	Il n'y a pas de forme réglementaire d'EES à l'heure actuelle et les lois en vigueur se limitent aux projets. Des lois spécifiques imposent une certaine forme d'évaluation de l'impact des PPP sur l'environnement dans le domaine des nouvelles installations d'extraction et de production de pétrole et de la gestion des ressources en eau. Les ministères doivent également évaluer l'impact de leurs propositions budgétaires annuelles sur l'environnement. Plusieurs études sur l'EES ont été entreprises dans le cadre du Conseil nordique et l'intérêt ne faiblit pas.	Ressources hydriques, extraction et production de pétrole et, quoique moins formellement, plusieurs autres secteurs.

Pays	Dispositions relatives à l'évaluation de l'impact des PPP sur l'environnement	Secteurs dans lesquels les dispositions s'appliquent
Pays-Bas	La loi sur la protection de l'environnement et le décret sur l'EIE obligent à soumettre certains types de plans relevant des secteurs énumérés dans la colonne de droite à une d'EIE. Par ailleurs, les procédures actuelles d'aménagement du territoire tiennent également compte de l'impact sur l'environnement. Les responsables politiques ont en outre à se prononcer sur l'instauration d'un « test » environnemental imposant la prise en compte systématique de l'impact sur l'environnement pendant tout le processus d'adoption des politiques nationales (*cf.* Verheem, 1992).	Agriculture, industrie, énergie, transports, infrastructures, tourisme, ressources hydriques, gestion des déchets et aménagement du territoire.
Pologne	Il n'y a pas de forme réglementaire d'EES au niveau national. La loi de janvier 1995 sur l'aménagement du territoire dispose que le développement durable doit servir d'assise à toutes les décisions relatives à la gestion des sols. Elle dispose en outre qu'il y a lieu de dresser un état des conséquences environnementales prévisibles des plans locaux d'aménagement du territoire (ce qui revient à une EES simplifiée). Une ordonnance du ministère de l'Environnement, des ressources naturelles et des forêts précise ce que doit être le contenu de cet état.	Plans locaux d'aménagement du territoire.
Portugal	Il n'y a pas de forme réglementaire d'EES à l'heure actuelle et les lois en vigueur se limitent aux projets. Une évaluation élémentaire de l'impact sur l'environnement trouve sa place dans l'élaboration des plans régionaux et locaux d'aménagement du territoire, du plan énergétique national et du système national de gestion des déchets industriels. Quelques traces s'en retrouvent également dans les programmes d'investissement pour lesquels une intervention des Fonds structurels a été demandée à l'UE (*cf.* Pinho, 1990). Il n'est pas prévu d'adopter de nouvelles dispositions législatives ou réglementaires en matière EES dans un avenir proche.	Énergie, aménagement du territoire, gestion des déchets et programmes nationaux de développement financés par l'UE.
République slovaque	L'EES trouve son fondement juridique dans la 4e partie de la loi n° 127/94 sur l'EIE qui oblige à évaluer l'impact prévisible des politiques de développement et d'aménagement du territoire. Un projet de règlement relatif à l'EES mis en chantier en 1996/97 devrait recevoir sa forme définitive en 1999.	Fourniture d'énergie, mines, tourisme, transports, agriculture, sylviculture, gestion de l'eau et des déchets, aménagement du territoire.
République tchèque	La loi fédérale tchécoslovaque de 1992 rend l'EES obligatoire dans la préparation des programmes de développement et des projets/propositions de loi.	Programmes et projets/propositions de loi.
Royaume-Uni	Il n'y a pas de forme réglementaire d'EES au niveau national et les lois sur l'EIE en vigueur se limitent aux projets. L'État a adopté diverses dispositions autres que législatives pour intégrer les questions d'environnement dans le processus décisionnel (tous les ministères doivent veiller à ce que les documents soumis au gouvernement ou à des comités ministériels chiffrent les coûts et avantages environnementaux des actions proposées). Chaque ministère à son « Monsieur environnement » au niveau ministériel qui doit s'assurer qu'une place soit ménagée aux questions d'environnement dans la stratégie et la politique de son ministère. En outre, diverses circulaires ou directives officielles imposent la prise en compte des questions d'environnement dans les PPP nationaux ou locaux relevant de certains secteurs énumérés dans la colonne de droite. Plusieurs mesures ont été ou devraient être prises pour renforcer la dimension environnementale des PPP (voir rapports du ministère de l'environnement de 1993 et 1994 pour un complément d'information).	Tous les secteurs sont en principe, mais en dehors de toute obligation légale, couverts au niveau de la politique nationale. Certaines dispositions législatives ou réglementaires s'appliquent en outre, à différents niveaux de pouvoir, dans certaines subdivisions des secteurs des transports, des ressources hydriques, de la gestion des déchets, de l'agriculture et de l'aménagement du territoire. Le ministère des Transports a présenté en avril 1996, dans un mémorandum intitulé « Transport – The Way Forward », une nouvelle procédure de planification des grands axes routiers fondée sur un guide de la planification régionale qui permettrait de bien conjuguer la planification routière avec l'aménagement régional du territoire. Le Laboratoire de recherche dans les transports (TRL) fera rapport en 1997 sur la faisabilité de l'EES dans la planification du transport. Une EES du programme routier national est en cours.

© CEMT 2000

Pays	Dispositions relatives à l'évaluation de l'impact des PPP sur l'environnement	Secteurs dans lesquels les dispositions s'appliquent
Slovénie	Il n'y a pas de forme réglementaire d'EES au niveau national et les lois sur l'EIE en vigueur se limitent aux projets. La loi de 1993 sur la protection de l'environnement impose le remplacement des anciens plans régionaux par des « études de vulnérabilité environnementale » couvrant toutes les régions écologiques du pays.	Planification du développement régional.
Suède	En vertu de la loi sur la gestion des ressources naturelles et d'autres lois et règlements connexes, l'évaluation de l'impact sur l'environnement est obligatoire pour certaines mesures de l'Office des forêts, les plans énergétiques des municipalités, les plans routiers nationaux et régionaux et certains plans locaux d'aménagement du territoire.	Énergie, transports, aménagement du territoire et sylviculture.
Suisse	L'ordonnance du 19 octobre 1988 relative à l'étude de l'impact sur l'environnement régit l'évaluation des projets. Les autoroutes et les nouvelles lignes de chemin de fer sont soumises à l'étude d'impact à plusieurs stades, dont le premier est celui de l'approbation formelle des projets par le parlement. L'étude d'impact sur l'environnement réalisée à ce premier stade fournit des informations utiles pour une EES. L'impact sur l'environnement est aussi pris en compte par les auteurs des plans directeurs et sectoriels d'aménagement du territoire.	Aménagement du territoire, projets dans le domaine des transports.

Source : Université de Manchester « SEA Legislation and Procedures in the Community », 1995, DG XI, *inter alia*.

Annexe 2

ORIENTATIONS, LOIS, ÉTUDES DE CAS, RECHERCHES ET PUBLICATIONS GÉNÉRALES

Auteur/Organisme	Titre et/ou site Internet	Mots clés	Intérêt pour les transports
	Recherche et publication générales		
Commission européenne, DG XI, (1995)	SEA *Legislation and Procedures in the Community* ; rapport établi par le centre EIA de l'université de Manchester	Politiques, plans et programmes, EES, adaptabilité, intégration, textes législatifs, instruments réglementaires, arrêtés ministériels et interministériels, circulaires sur les enquêtes publiques, fonds structurels	Peu
Commission européenne, DG VII, (1996)	Évaluation stratégique de l'impact des infrastructures de transport sur l'environnement ; rapport établi par Steer Davies Gleeve	EES, infrastructures, méthodes techniques, incertitudes, objectifs, indicateurs, options, itération, niveaux	Oui
Commission européenne (1997)	Élaboration et mise en œuvre d'une stratégie globale d'EIE et d'EES	EIE, méthodes d'EIE et d'EES, inventaire, stratégie de recherche	Non
Commission européenne, DG XI (1996)	Préparation d'études de cas sur l'EES ; rapport présenté par Mens en Ruimte	Études de cas, critères de révision, formation	Peu
Commission européenne, DG XI (1997)	Évaluation environnementale des politiques ; rapport présenté par le Centre d'évaluation environnementale de l'université de Roskilde	Propositions de loi, options en matière d'EES	Non
Commission européenne, DG XI (1996)	Coûts et avantages de l'EIE ; rapport présenté par Land Use Consultants *http://www.europa.eu.int/comm/dg11/*	Coûts et avantages, étude de cas, plan stratégique, frais de personnel, durée	Non
Commission européenne, DG VII (1998)	Méthode commune d'évaluation de l'impact des transports multimodaux sur l'environnement (COMMUTE) ; rapport présenté par TÜV Rheinland Sicherheit und Umweltschutz GMBH *http://dbs.cordis.lu/cordis-cgi/*	Logiciels, méthodes de révision, structure des données, disponibilité des données, MEET	Oui
Commission européenne, DG VII (en cours)	Fragmentation des habitats causée par les infrastructures de transport (COST 341)	Biodiversité, fragmentation des habitats, sécurité, durable, indicateurs, modération, base de données en ligne	Oui
Agence européenne pour l'environnement (1999)	Évaluation des objectifs fixés dans la base de données STAR pour le secteur des transports ; rapport établi par Environmental Resources Management de Copenhague pour l'AEE	Transports, législation, objectifs, cibles, normes	Oui
Interdisciplinary Centre for Comparative Research in the Social Sciences (en cours)	Évaluation stratégique des corridors des réseaux transeuropéens. Améliorations et extension aux PECO et aux pays de la CEI *http://dbs.cordis.lu/cordis-cgi/*	Méthodologie de l'EES, évaluation des corridors, scénarios, hypothèses, actions des pouvoirs publics, aides à la mise en œuvre	Oui

Auteur/Organisme	Titre et/ou site Internet	Mots clés	Intérêt pour les transports
Orientations et questions connexes			
Council on Environmental Quality, Administration fédérale américaine (1997)	Considering Cumulative Effects under the Environmental Policy Act http://www.cullman.com/government/federal/executive/office/coeq.html	Analyse des effets cumulés, méthodes, balayage, techniques	Non
Ministère britannique de l'Environnement (1993)	Environmental Appraisal of Development Plans: A Good Practice Guide (HMSO, Londres)	Évaluation de l'impact sur l'environnement, matrice des impacts, aménagement du territoire, évaluation des politiques	Non
Ministère britannique de l'Environnement, des Transports et des Régions (1998)	A New Approach to Appraisal Guidance on the New Deal for Transport	Routes, méthodes, objectifs, intégration, capital environnemental	Oui
Ministère britannique de l'Environnement (1991)	Policy Appraisal and the Environment	Analyse coûts/avantages, ministères	Non
Ministère britannique de l'Environnement, des Transports et des Régions (1992, en cours de révision)	Policy Planning Guidenote 13 Transport a Guide to Better Practice http://www.DETR.gov.uk	Transports, utilisation des sols	Oui
Banque européenne pour la reconstruction et le développement (1996)	http://www.ebrd.com (Procédures environnementales et règles d'évaluation de l'impact sur l'environnement de la BERD)	Procédures d'EIE/EES	Peu
Commission européenne, DG VII (1999)	Manual on SEA of Transport Infrastructure Plans	EES, méthodes, corridors, processus, niveaux, révision, options, suivi	Oui
Commission européenne, DG XI (1998)	A Handbook on Environmental Assessment of Regional Development Plans and EU Structural Funds	EES, plans de développement régional	Non
Ministère danois de l'Environnement et de l'Énergie (1995)	Guide des procédures d'évaluation environnementale des projets de loi et autres projets de textes de nature législative ou réglementaire	EES	Non
Ministère finlandais de l'Environnement (1997)	Évaluation de l'impact des plans, programmes et politiques sur l'environnement	Options, planification participative, suivi	Peu
OCDE (1994)	Recherche sur les transports routiers ; évaluation de l'impact des routes sur l'environnement	EES, routes	Oui
Bureau fédéral d'examen des évaluations environnementales (Canada)	Processus d'évaluation de l'impact des projets de politiques et de programmes sur l'environnement http:/www.ceaa.gc.ca./act/policy-program-e.htm	Évaluation stratégique de l'impact sur l'environnement, législation	Non
Banque mondiale	http://www.worldbank.org (Guide et procédures d'évaluation environnementale et manuel d'enquête publique)	Procédures d'EES	Peu
Lois relatives à l'EES et questions connexes			
Commission européenne, DG XI (1999)	Proposition modifiée de directive du Conseil relative à l'évaluation des incidences de certains plans et programmes sur l'environnement, COM/96/0511 final – SYN 96/034 ; COM (99)73 http://europa.eu.int/comm.dg11.docum/9973_en.htm	Procédures, EES, plans et programmes d'aménagement du territoire, impacts cumulés, impacts synergiques	Non
Commission européenne (1992)	Directive relative aux habitats http://www.ecnc.nl/doc/europe/legislat/habidire.html	Article 6, paragraphe 3, significatif, évaluation appropriée, effets cumulés	Non

Annexe 2

Auteur/Organisme	Titre et/ou site Internet	Mots clés	Intérêt pour les transports
Commission européenne DG VII (1996)	Orientations communautaires pour le développement du réseau transeuropéen de transport (en cours de révision)	Réseaux de transport, corridors, EES, méthodes	Oui
Commission mondiale sur l'environnement et le développement (ONU) (1992)	Convention sur la diversité biologique http://www.ecouncil.ac.ar/ftp/riodoc.htm	Article 14, paragraphes a et b, politiques, programmes, conséquences pour l'environnement	Non
Commission mondiale sur l'environnement et le développement (ONU) (1992)	Programme « Action 21 » http://www.ecouncil.ac.ar/ftp/riodoc.ftm	Faire passer l'EIE du stade des projets à celui des politiques, plans et programmes	Non
Nations unies (1998)	Convention d'Espoo sur l'impact environnemental dans un contexte transfrontalier	Article 2, paragraphe 7, appliquer les principes de l'EES aux politiques, plans et programmes	Non
	Textes de portée générale traitant de l'EES et de questions connexes		
Ministère britannique de l'Environnement, des Transports et des Régions (1998)	Strategic Environmental Appraisal : rapport du séminaire international, Lincoln, 27- 29 mai	Évaluation stratégique de l'impact sur l'environnement, bonnes pratiques	Non
Agence européenne pour l'environnement (1999)	L'environnement dans l'Union européenne à l'aube d'un nouveau siècle ; deuxième rapport sur l'évaluation environnementale	Santé, traces de l'exploitation des sols, développement économique, développement social, questions d'environnement	Non
Agence européenne pour l'environnement (1999)	Étude de faisabilité d'un indicateur annuel. Rapport sur les transports et l'environnement dans l'UE présenté par Environmental Resources Management de Copenhague	EES, EIE, législation	Non
Commission économique pour l'Europe (1992)	Application des principes de l'évaluation de l'impact sur l'environnement aux politiques, plans et programmes	EIE, études de cas, évaluation des actions des pouvoirs publics, dispositions législatives et administratives	Non
OTAN/CDSM (1996)	Méthode, cible, évaluation et portée de l'étude d'impact sur l'environnement. Quatrième rapport. Notice d'impact sur l'environnement : théorie et pratique	EES, évaluation de la durabilité, participation des citoyens, renforcement de l'EIE	
Partidario, M. (1996)	SEA : Key Issues Emerging from Recent Practice	EES, bonnes pratiques en matière d'évaluation des politiques, intégration de l'élaboration et de l'évaluation des politiques	Non
Sheate (1996)	Environmental Impact Assessment : Law and Policy Making an Impact II (Cameron May, Londres)	EIE, EES, transports, législation, études de cas	Peu
Sadler, B & Verheem, R. (1996)	SEA : Status Challenges and Future Directions	Bonnes pratiques d'EES, études de cas	Peu
Therivel, R & Partidario, M. (1996)	The Practice of Strategic Environmental Assessment	Politiques, plans et programmes, durabilité, élaboration intégrée des politiques	Non
Banque mondiale (1999)	Études de cas d'EIE régionales et sectorielles – Analyse de l'expérience acquise. Rapport établi par Environmental Resources Management	EES, EIE sectorielles et régionales, expérience acquise, études de cas	Peu
	Études de cas		
Commission européenne, DG VII (1992)	Étude du train à grande vitesse	Impact spatial, consommation d'énergie, émissions de CO_2, bruit, pollution de l'air, balayage, indicateurs	Oui
Commission européenne, DG VII et XII, Eurostat et AEE (1998)	Évaluation spatiale et écologique des réseaux transeuropéens : Démonstration d'indicateurs et de méthodes SIG	SIG, options, indicateurs, quantitatif	Oui
Direction des routes/SETRA, Commission européenne (1998)	Le Corridor Nord ; rapport établi par INGEROP	Corridor, réseaux transeuropéens, EES	Oui

© CEMT 2000

Auteur/Organisme	Titre et/ou site Internet	Mots clés	Intérêt pour les transports
Office national suédois des routes et Commission européenne (1998)	Corridor de transport Göteborg – Jönköping	Corridor, réseaux transeuropéens, EES	Oui
Région d'Emilie-Romagne, Région de Vénétie, Commission européenne (1998)	Progetto Romea Studio Pilota di Strategic Environmental Assessment	Corridor, réseaux transeuropéens, EES	Oui
Ministère finlandais des Transports et des Communications (1996)	Évaluation de l'impact sur l'environnement du triangle nordique	Scénarios, biodiversité	Oui

Annexe 3

MÉCANISME D'ÉTABLISSEMENT DE RAPPORTS SUR LES TRANSPORTS ET L'ENVIRONNEMENT POUR L'UE (TERM)

Aux termes du traité d'Amsterdam, la voie à suivre pour parvenir au développement durable passe par l'intégration des politiques environnementales et sectorielles. A la réunion au sommet tenue à Cardiff en 1998, le Conseil européen a demandé à la Commission et aux ministres des transports de concentrer leurs efforts sur l'élaboration de stratégies intégrées de transport et d'environnement. Dans le même temps, et après un travail initial réalisé par l'Agence européenne pour l'environnement (AEE) sur les indicateurs relatifs au transport et à l'environnement, le Conseil conjoint transport/environnement a invité la Commission et l'AEE à établir un mécanisme d'établissement de rapports sur les transports et l'environnement (TERM) basé sur des indicateurs.

TERM a été conçu pour aider l'UE et les États membres à suivre l'évolution de leurs stratégies d'intégration des transports, et à recenser les changements dans les secteurs à effet de levier pour des interventions des pouvoirs publics (réglementations environnementales, investissements, moyens d'action économiques, aménagement de l'espace et offre d'infrastructure, par exemple). Les sept questions ci-après sont celles que les décideurs au sein de l'UE considèrent comme essentielles pour comprendre si les mesures prises par les pouvoirs publics et les moyens d'action mis en œuvre orientent les interactions transport/environnement dans le sens de la durabilité.

1. La performance environnementale du secteur du transport s'améliore-t-elle ?

2. Sommes-nous aujourd'hui mieux capables de gérer la demande de transport et d'améliorer le fractionnement du transport ?

3. L'aménagement de l'espace et la planification du transport sont-ils mieux coordonnés de manière à harmoniser la demande de transport et les besoins d'accès ?

4. Y a-t-il un progrès dans l'utilisation des capacités de l'infrastructure de transport, et une évolution vers un système de transport intermodal mieux équilibré ?

5. Allons-nous vers un système de tarification plus équitable et plus efficace, garantissant la réduction au minimum des coûts externes et leur recouvrement ?

6. Les technologies améliorées sont-elles mises en œuvre assez rapidement, et les véhicules utilisés de manière assez efficace ?

7. Les outils de gestion et de surveillance de l'environnement sont-ils employés de manière assez efficace dans le soutien de l'élaboration des politiques et la prise de décisions ?

On a établi, pour répondre à ces questions, une liste de 31 indicateurs, concernant les divers aspects du système de transport et d'environnement. Les indicateurs couvrent tous les aspects les plus importants du système transport/environnement (force motrice, pression, état, impact, réponses – constituant le cadre FPEIR) ; on trouve, parmi eux, des indicateurs d'éco-efficacité.

L'Agence européenne pour l'environnement a achevé, à la fin de 1999, le premier rapport basé sur ces indicateurs (la « version zéro » de TERM), qui a servi d'élément d'information pour le Sommet d'Helsinki et le Conseil Transport (décembre 1999). Le rapport sera publié et lancé vers la mi-avril, et pourra également être consulté sur le site de l'AEE (*http://themes.eea.eu.int/theme.php/activities/transport*). Parallèlement, Eurostat publie des statistiques détaillées pour le TERM, contenant la plupart des données qui étayent les indicateurs.

© CEMT 2000

Tableau 1. **Liste des indicateurs envisagés pour le TERM** (les indicateurs clés sont en bleu)

Groupe	Indicateurs	Position dans le FPEIR	Date de faisabilité	Qualité des données
Performance en matière de transport et d'environnement				
Incidences des transports sur l'environnement	1. Consommation d'énergie finale et primaire et part dans le total (combustibles fossiles, énergie nucléaire et énergies renouvelables) des différents modes de transport	F	++	+
	2. Émissions de CO_2, NO_x, COVNM, PM_{10} et SO_x produites par les différents modes et part de ces émissions dans les émissions totales	P	++	+
	3. Dépassement des objectifs de qualité de l'air	E	++	+
	4. Exposition au bruit des transports et gêne résultante	E et I	- -	- -
	5. Impact des infrastructures de transport sur les écosystèmes et les habitats (morcellement) et proximité de ces infrastructures de zones spécifiquement désignées	P et E	-	-
	6. Surfaces au sol occupées par les infrastructures de transport	P	+	+
	7. Nombre d'accidents, de tués, de blessés et de cas de pollution (causés par les transports terrestres, aériens et maritimes)	I	++	-
Demande de transport et trafic	8. Transport de voyageurs (par mode et motif de déplacement) : • nombre total de voyageurs • nombre total de v-km • nombre de v-km par habitant • nombre de v-km par PIB	F	++	-
	9. Transport de marchandises (par mode et groupe de produits) • nombre total de tonnes • nombre total de t-km • nombre de t-km par habitant • nombre de t-km par PIB	F	++	+
Déterminants du système transport/environnement				
Aménagement du territoire et accessibilité	10. Durée et longueur moyennes de déplacement par mode, motif (travail, achats, loisirs) et endroit (ville/campagne)	F	-	-
	11. Accès aux services de transport, par exemple : • nombre de véhicules automobiles par ménage • Proportion (en pour cent) des habitants d'une zone donnée résidant à moins de 500 mètres d'un point desservi par les transports publics	F	-	-
Offre de transport	12. Capacité des réseaux d'infrastructure de transport, par mode et par type d'infrastructure (par exemple, autoroute, route nationale, départementale ou vicinale)	F	-	-
	13. Investissements dans les infrastructures de transport, par habitant et par mode	F et R	++	+
Indications fournies par les prix	14. Changement réel du prix de transport des voyageurs par mode	R	-	-
	15. Prix des carburants et taxes	F	++	+
	16. Taxes et redevances sur le transport	R	-	-
	17. Subventions	R	-	-
	18. Dépenses de mobilité par personne et par catégorie de revenus	F	+	-
	19. Part des coûts d'infrastructure et des coûts environnementaux (y compris les coûts de congestion) couverte par les prix	R	-	-
Technologie et utilisation rationnelle	20. Rendement énergétique des transports de voyageurs et de marchandises (par v-km parcouru et t-km, et par mode)	P/F	-	-
	21. Émissions de CO_2, NO_x, COVNM, PM_{10} et SO_x des différents modes par v-km et t-km	P/F	-	-
	22. Taux d'occupation par véhicule	F	-	-
	23. Taux de chargement dans les transports routiers (véhicules légers, véhicules lourds)	F	+	-

Annexe 3

Tableau 1. **Liste des indicateurs envisagés pour le TERM** (les indicateurs clés sont en bleu) (*suite*)

Groupe	Indicateurs	Position dans le FPEIR	Date de faisabilité	Qualité des données
	24. Consommation de carburants moins polluants (essence sans plomb, électricité, carburants de substitution) et nombre de véhicules utilisant des carburants de substitution	F	++	+
	25. Taille et âge moyen du parc	F	-	+
	26. Pourcentage de véhicules répondant à certaines normes de bruit et de pollution atmosphérique (par mode)	F	-	--
Intégration de la gestion	27. Nombre d'États membres appliquant une stratégie intégrée en matière de transport	R	+	-
	28. Nombre d'États membres disposant d'un système national de surveillance du transport et de l'environnement	R	+	+
	29. Mise en œuvre de l'EES dans le secteur du transport	R	+	+
	30. Mise en œuvre des systèmes de gestion de l'environnement par les entreprises de transport	R	-	-
	31. Sensibilisation et comportement du public	R	-	-

F = force motrice, P = pression (environnementale), E = état de l'environnement, I = impact, R = réponses
Date : ++ tout de suite ; + bientôt, quelques travaux encore nécessaires ; - importants travaux encore nécessaires ; - - situation peu claire
Qualité des données :++ complètes, fiables, harmonisées ; + incomplètes ; - non fiable/non harmonisées ; - - problèmes sérieux
Source : EEA, 2000: *Are we moving in the right direction?* Indicators on transport and environment integration in the EU. Term 2000. Environmental issues series No. 12.

© CEMT 2000

LES ÉDITIONS DE L'OCDE, 2, rue André-Pascal, 75775 PARIS CEDEX 16
IMPRIMÉ EN FRANCE
(75 2000 07 2 P) ISBN 92-821-2259-X – n° 51482 2000

Lightning Source UK Ltd.
Milton Keynes UK
UKHW05f1910070318
319079UK00003B/97/P